PULSAR DE LUZ

livros para uma nova consciência

Gláucia Ceciliato

PULSAR DE LUZ

Atalhos para uma Aventura Espiritual

São Paulo / 2013

EDITORA GROUND

Copyright © 2013, Gláucia Ceciliato

Revisão: Bruno Brasílio Ramos
Antonieta Canelas
Editoração eletrônica: Antonieta Canelas
Ilustrações: capa e pag. olho – Susanna Ceciliato
Arte final da capa: Niky Venâncio

CIP-BRASIL. CATALOGAÇÃO-NA-FONTE
SINDICATO NACIONAL DOS EDITORES DE LIVROS, RJ

M266
Ceciliato, Gláucia
   Pulsar de Luz / Gláucia Ceciliato ; ilustrações Susanna Ceciliato. São Paulo : Ground, 2013.
   256p.

   ISBN 978-85-7187-229-5

   1. Canalização. 2. Vida Espiritual. 3. Autoconhecimento. Título. II. Serie.

13-7703.		CDD: 133
		CDU: 133
04.02.13	15.02.13	070143

Direitos reservados:
EDITORA GROUND LTDA.
R. Lacedemônia, 85 – Jd. Brasil
04363-020 São Paulo - SP
Tel.: (11)5031.1500 / Fax: (11)5031.3462
vendas@ground.com.br / www.ground.com.br

Para:

Brenan, Rebecca, Preston, Lorena e Isabella.

Sou criança do Infinito,
pulsando em mil energias, vivendo em mil dimensões,
carregando no meu ventre mil óvulos fecundados,
mil fetos iluminados, à espera de expansão.

No coração, mil acordes da sinfonia do cosmo;
na garganta, mil canções espalham-se em mil versões
do hino eterno do amor.

Na boca, mil alegrias, mil sorrisos de prazer,
mil palavras de acolhida aos mil caminhos da vida
que eu escolhi percorrer.

Nos olhos, mil maravilhas representam mil verdades
que despertam mil saudades do sempre, que não tem fim.

E das sete direções sagradas,
mil informações seladas em mil caminhos de luz,
revelam-se, libertando o mais profundo de mim.

E no centro do Universo, minha alma incandescente
se divide em mil pedaços, se divide em mil abraços,
abençoo mil planetas, corro atrás de mil cometas,
me converto em mil galáxias, me dissolvo no Infinito...

Agradecimentos:

A Susanna Ceciliato, pela gravura da capa.
A Leonardo Crescenti, por palavras que me tocaram o coração.
A Nestor Leite, pela colaboração incansável na parte gráfica.
A Bruno Brazílio Ramos, por uma revisão inesperada e surpreendente.
A James Ceciliato, pelos ótimos comentários "críticos" e elaboração do índice.
A meus filhos, pelos palpites.
E a todos os amigos que estiveram comigo a cada passo do Caminho.

Nunca pensei em escrever um livro. Sempre achei que cada um de nós tem um traçado de vida, um plano espiritual que, dependendo de nossa escolha, podemos ou não seguir. Acredito que esse plano vai se abrindo para nós, conforme nos abrimos para ele. Não adianta querermos seguir um caminho alheio, porque nosso traçado de vida é único, baseia-se em nossas necessidades espirituais, em nossas escolhas passadas, naquilo que nos propusemos fazer antes de virmos para cá. Esse traçado de vida é nossa missão e não precisa ser algo espetacular, que maravilhe o mundo: pode ser uma coisa simples aos olhos dos homens, mas ter uma importância fundamental para nossa evolução. Assim, nunca me preocupei com o desenrolar de minha vida espiritual, sabendo que, se permanecesse aberta, tudo me seria revelado. Nunca me preocupei com o quê, quando, ou como. Nunca fiz perguntas, sempre me limitei a abrir os braços para o Universo e a dizer, todas as manhãs: "Eu estou aqui, eu estou aqui, eu estou aqui."

Talvez essa falta de curiosidade e por minha despreocupação a respeito da próxima etapa do caminho, é que nunca pensei em escrever um livro. Como posso estar aberta aos apelos do Universo, se ficar imaginando e desejando o que virá em seguida? Prefiro deixar fluir.

Como, então, surgiu este livro? Alguns meses atrás, um de meus filhos me telefonou de São Paulo e disse, sem rodeios:

"Mãe, eu vi Deus." Percebi que ele não estava brincando, e esperei: "Já faz uma semana, mas não tinha condições de falar sobre isso com ninguém. Nem mesmo com você."

A partir desse momento, ele entrou num turbilhão de leituras, de busca de livros, de DVDs, de tudo o que pudesse reativar aquele estado de êxtase. Depois de uns meses dessa exaltação, ele me telefonou e disse, de modo muito taxativo: "Mãe, você tem que escrever um livro. Tudo o que eu tenho lido e ouvido me faz lembrar de você dizendo as mesmas coisas. Então, para a gente não perder tempo, você escreve um livro, e será o único que vou precisar ler." Percebi imediatamente que estava recebendo uma encomenda cósmica. É possível dizer não? Sei que tenho que entregar o pedido.

Lembrei-me na mesma hora de meu mestre terreno, dizendo: "O que não serve para todos, não serve para ninguém." E também de uma mensagem dos maias cósmicos, recebida por Aluna Joy Yaxk'in, com quem fiz um curso sobre o Calendário Maia em 1999, no Monte Shasta, Califórnia. A mensagem dizia: "Se um ensinamento não está ancorado e não é prático, não se destina ao avanço da humanidade. Se não é compreensível, tem por fim a manipulação. Se não explica a si mesmo, foi criado para confundir e clonar a humanidade. Se não aumenta o poder do indivíduo, está roubando energia." Soube no mesmo instante que deveria escrever como se estivesse conversando com meu grupo em São Paulo: com a mesma simplicidade, a mesma alegria, a mesma espontaneidade, o mesmo amor. Lembro-me de um aluno de Reiki, que se tornou mestre, comentar: "O que mais gosto em você é o amor com que você olha pra gente." Era isso. Precisava transmitir, nas palavras escritas, esse mesmo amor, essa mesma ternura.

A primeira ideia que tive foi escrever 365 tópicos, um para cada dia do ano, chamando-os de "setas", pois meu mestre sempre dizia que não podemos levar ninguém para o Caminho, só podemos colocar setas para indicá-lo. Cabe a cada um tomar a decisão de segui-las ou não. Meus filhos protestaram veementemente contra o termo. Tinham lá suas razões de jovens. Passei vários dias tentando "captar" o termo certo, pois sabia que ele estava no ar e que eu devia abrir os olhos e os ouvidos para percebê-lo. De repente, numa de minhas madrugadas meditativas em que procuro ouvir meu coração e as vozes do Universo, lá estavam os *Atalhos* bem claros diante de mim.

Escrevi o primeiro Bloco (ou capítulo) de 30 Atalhos para o primeiro mês, e comecei o segundo. Uma sensação incômoda me alertou que algo estava errado. De repente, numa outra de minhas madrugadas, visualizei com perfeita clareza o *Tzolk'in*, calendário sagrado dos maias, baseado nos ciclos das Plêiades e considerado o grande relógio cósmico da criação.

Os maias antigos descobriram a natureza matemática de Deus nas frequências dos números 13 e 20. 13 corresponde às principais articulações do corpo humano, e 20 corresponde aos dedos das mãos e dos pés. O número 13 representa o espírito da criação e o número 20, seu corpo ou medida. Os maias usam os números de 1 a 13 para representar 13 energias que são chamadas de tons e que se sucedem ininterruptamente; e os números de 1 a 20 para representar 20 energias solares que são chamadas de sóis ou tribos. Multiplicando-se 13x20 temos 260, ou seja, existem 260 combinações desses dois tipos de energia.

Essas 260 combinações formam o **Tzolk'in**, principal calendário dos maias, cujos códigos correspondem à matemática do I-Ching e à estrutura de nosso DNA. E, para mim, o mais interessante é que 260 é um número aproximado de dias da gestação humana!

Será por isso que senti que deveria empregar o *Tzolk'in* neste livro, por ele representar um período de gestação? Então, de 365 Atalhos, passei para 260, com plena consciência de que o *Tzolk'in* é mais significativo, espiritualmente, do que o Calendário Gregoriano.

O PULSAR DE LUZ DOS MAIAS

Segundo os maias, uma sequência de 13 números (1-13), também chamados de "tons", forma um Pulsar de Luz. Esse ciclo de 13 tons sagrados simboliza o processo natural da criação. Dizem eles que qualquer criação, desde a ideia até sua realização, é um processo de 13 passos. Após o 13°. passo, o processo é reiniciado. Cada tom é um campo vivo e pulsante, com uma energia ímpar, e representa um poder criativo que se soma aos anteriores.

Os números (ou tons) de 1 a 13, usados pelos Maias, são: HUN (1), CA (2), OX (3), CAN (4), HO(5), UAC(6), UC (7), VAXAC (8), BOLON (9), LAHUN(10), HUN LAHUN (11), CA LAHUN (12) e OX LAHUN (13).

O **Pulsar de Luz** é como uma **onda** vinda do centro da Terra em HUN (Tom 1), movendo-se para a água dos oceanos, rumo à atmosfera, em CA, OX e CAN (2, 3 e 4), fazendo a transição da água para o ar em HO (5) e continuando pelo ar em UAC e UC (6 e 7), depois para o Sol em VAXAC (8), continuando pelo fogo em BOLON e LAHUN (9 e 10), fazendo uma transição para o espaço em HUN LAHUN (11) e continuando pelo espaço galáctico para além do Sol e do sistema solar em CA LAHUN e OX LAHUN (12 e 13). Vemos, portanto, a passagem do PULSAR pelos elementos Terra, Água, Ar, Fogo e Espaço, em um crescendo de vibrações.

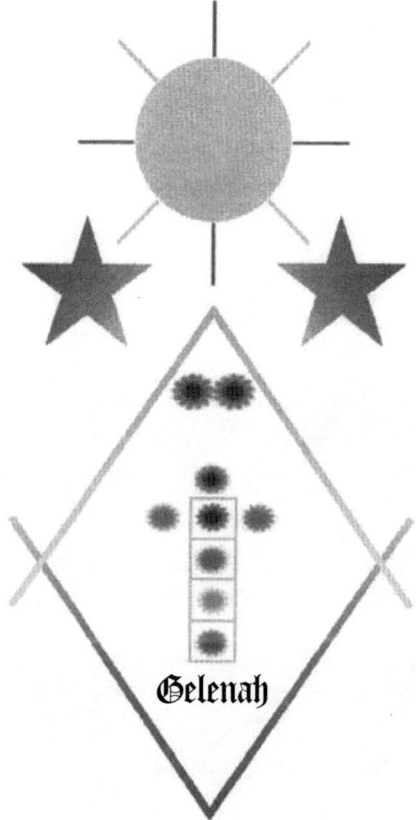

Atalhos

Bloco I
(Atalhos 1 a 20)

1. Começo, 17
2. O verdadeiro mestre, 18
3. Esteja disposto a aprender e a desaprender, 18
4. Internalize aquilo que aprende, 19
5. Você é um Ponto de Luz, 20
6. O segredo do Universo..., 20
7. Quando desejamos saber..., 21
8. Nunca ceda seu poder a ninguém, 22
9. Deseje acelerar sua evolução espiritual, 22
10. Solte as pedras que carrega, 23
11. Não seja um "turista espiritual", 23
12. A liberdade está no começo, não no fim, 24
13. Nunca imponha sua visão da verdade, 24
14. Estamos sempre repetindo o pensamento alheio, 25
15. Você não precisa estar sempre certo, 26
16. Deixe-se levar pela intuição, 26
17. Nunca diga: "Se eu fosse você...", 27
18. Há os que fazem, os que não fazem e os que desfazem, 27
19. Pianista bem sucedido, 28
20. M.E.U., 29

HUN

Atalho I

Começo.

Todo começo é inédito. Ele é sempre difícil, porque não tem memória viva, não tem pontos de referência, não tem banco de dados. Carece de forma, de organização. Não tem a que se remeter. Não pode re-lembrar. É o começo que estabelece padrões, que determina rumos. Ele cria suas próprias bases. A criança, quando dá os primeiros passos, é insegura, porque nunca andou e, portanto, não se lembra de como é andar. Precisa experimentar, procedendo com cautela, pois não tem lembrança de como manter o equilíbrio, de que tamanho devem ser seus passos. Aos poucos ela se firma, organiza seu banco de dados, cria lembranças baseadas na experiência. Em qualquer experiência, o início é sempre mais lento, mais interrogativo, mas é nele que está a liberdade. Depois que o processo se encontra em andamento, é muito mais difícil mudar o rumo ou o ritmo estabelecido. Tudo é reflexo da inspiração inicial. Ao compor uma música, escrever um livro, reformar uma casa, montar um negócio, é o começo que dá o tom, que determina as bases. Quando entra no caminho espiritual, você também tateia, mas, buscando a verdade dentro de si, encontra segurança. E então começa a viver a experiência, a criar seu próprio banco de dados espiritual, a ancorar seus pontos de referência, a descobrir Atalhos. Estabelecida a base, nada mais poderá detê-lo. Vá em frente, que o Caminho está livre!

Atalho 2

O verdadeiro mestre.

Nenhum Mestre pode levar-nos ao termo do Caminho. Ele só pode indicar Atalhos para acelerar nossa caminhada. Cabe a nós reconhecer esses atalhos e decidir ou não segui-los.

Pessoas, livros, cursos, servem apenas de atalhos para indicar-lhe como acelerar sua vida espiritual. Mas o caminho deve ser escolhido e palmilhado por você, passo a passo, com muito empenho, muita perseverança, muito desejo, muita alegria. Seja grato por esses atalhos que aparecem em sua vida, mas siga apenas aqueles que seu coração reconhecer. Nosso caminho é individual, não precisa ser igual a outros caminhos. Consulte sempre seu coração. Nada melhor do que ele para dizer-lhe por onde ir. Busque os atalhos, mas não seja escravo deles. Aliás, não seja escravo de nada nem de ninguém.

Atalho 3

Esteja disposto a aprender, mas, especialmente, a desaprender.

Aprender é importante e, às vezes, é até fácil; o difícil é *desaprender*. Somos muito apegados a nossas crenças, a nossos conhecimentos, a nossas opiniões, a nossas ideias, a nossas tradições. E, muitas vezes, é impossível abrirmos espaço para o novo se não nos desapegarmos do velho: velhos valores, velhas crenças, velhos conhecimentos, velhas opiniões, velhas ideias, velhos conceitos. É preciso abrir a mente e o coração, sem restrições, sem temor, deixando para trás antigas tradições. Não tenha medo de desaprender. Muitas vezes, essa é a única forma de andarmos para frente, de ampliarmos nosso caminho espiritual. Solte o que o está impedindo de abrir-se para o Universo. Limpe o coração, limpe a mente, limpe o acúmulo de conhecimentos que já não lhe servem. NÃO TENHA MEDO DE DESAPRENDER.

Atalho 4

Internalize aquilo que aprende.

De nada adianta encantar-se com determinado ensinamento, determinado livro, determinada palestra, se não internalizar seu conteúdo. O que significa internalizar um ensinamento? Significa assimilá-lo, digeri-lo, torná-lo parte de você. Dizia meu mestre: "Não adianta rodear um lago, espelhar-se nele, contemplar sua limpidez. É preciso chegar à fonte, beber dela, até que dentro de você se forme uma nascente." E também: "De que adianta pregar um alimento nas costas de uma criança? Para que ela o assimile, precisa mastigá-lo, engoli-lo, digeri-lo, e só então os nutrientes irão cumprir seu papel." O mesmo acontece com cada ensinamento válido que recebemos. Precisamos fazer dele parte de nossa vida. Precisamos nos *tornar* o ensinamento. Só então estaremos prontos para uma nova etapa. "Eu devo ser o que conheço, ou meu conhecimento não terá valor." Se acaso encontrar um livro que considere fundamental para seu desenvolvimento, leia-o dez, vinte, trinta vezes, até que seu conteúdo passe a fazer parte de você. Não é uma questão de abarrotar a mente com leituras superficiais, mas sim de encher o coração com o que é essencial.

Atalho 5

Você é um Ponto de Luz.

Saiba que você está aqui para ancorar sua Luz. Não veio para pregar, não veio para converter – apenas para brilhar e iluminar o Caminho. Tome consciência de sua Luz e afirme: *Sou um Ponto de Luz ancorado no Planeta!* Deixe que sua Luz inunde o mundo que o cerca. Espalhe a Luz com sua simples presença. Você não precisa fazer nada. Não precisa dizer nada. Basta *ser*.

Atalho 6

O segredo do Universo é caminhar com as duas pernas.

É preciso buscar o equilíbrio em todas as coisas: caminhar com as duas pernas. Nós todos somos ou muito rápidos ou muito lentos, ou muito rígidos ou muito brandos, ou muito nervosos ou muito calmos, ou muito falantes ou muito calados, ou muito alertas ou muito apáticos, ou muito entusiasmados ou muito deprimidos, ou muito isto ou muito aquilo. E com frequência alternamos esses estados extremos em nosso dia a dia. Vivemos como que numa gangorra, ora exibindo extremos de alegria, ora de tristeza, ora subindo, ora descendo, quase sempre à mercê de influências externas. É preciso buscar o centro. É no centro que existe o equilíbrio. O simbolismo da suposta crucificação de Jesus é justamente o equilíbrio do centro. Dizem que foi crucificado entre um bom e um mau ladrão, representando o centro, não os extremos. Ele ascende, gloriosamente centrado. E tudo que sobe, converge.

Atalho 7

Quando desejamos saber, precisamos ter a coragem de enfrentar a verdade. Quando perguntamos, precisamos ter a coragem de ouvir a resposta.

É muito fácil dizer que você está buscando a verdade, que está aberto à verdade. É preciso ser muito corajoso para enfrentá-la, porque a verdade poderá ir contra todas as coisas em que acreditou até agora, contra todas as coisas que lhe foram transmitidas por seus entes queridos, pela tradição, pela pátria, pela comunidade, pela igreja, pelos antepassados e pela sociedade. Nós fomos e somos tão manipulados por tudo isso, que a Verdade, com "V" maiúsculo, aquela que está dentro de você, perde-se nesse emaranhado de verdades com "v" minúsculo em que estamos inseridos. Para nos livrarmos dessas influências dominadoras, é preciso ter a coragem de examinar as coisas por ângulos completamente novos, é preciso enfrentar novos paradigmas, é preciso buscar o coração. Deixe sempre o coração falar. Pergunte ao coração, e o Divino em você lhe dará a resposta. Pergunte ao coração, e o Espírito se manifestará. E quando tiver uma resposta direta, sem intercessores, sem "atravessadores", você encontrará a verdadeira liberdade, porque "conhecereis a verdade, e a verdade vos libertará."

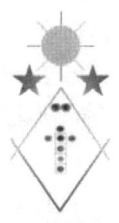

Atalho 8

Nunca ceda seu poder a ninguém.

O que significa "ceder seu poder"? Significa deixar que outros tomem decisões por você, que outros lhe digam que caminho seguir, que outros resolvam se você está certo ou errado, que outros o façam sentir que sua espiritualidade depende deles, que eles têm as chaves do céu e só eles podem abrir-lhe a porta. Na vida espiritual, só você é responsável por você. Não ceda seu poder a tradições, a dogmas, a governos, a pessoas – nem mesmo a seus entes mais próximos e queridos. Quando alguém lhe afirmar: "Eu tenho a chave", responda: "A chave está dentro de mim."

Atalho 9

Deseje, com todas as fibras de seu ser, acelerar sua evolução espiritual.

Certa vez, um jovem procurou um sábio e pediu-lhe que o ensinasse a alcançar a iluminação. O sábio enfiou a cabeça do rapaz num tanque de água e segurou-a lá até o moço não aguentar mais. Soltou-o, então, e o jovem, indignado, exclamou: "Mestre, venho buscar iluminação, e o senhor quase me mata!" O Mestre sorriu e respondeu: "Meu filho, quando você desejar a iluminação com a mesma força com que desejou ar quando estava com a cabeça dentro da água, torne a procurar-me." É assim que você precisa desejar sua evolução espiritual: com essa força, com essa gana, com essa ânsia.

Atalho 10

Solte as pedras que carrega.

Nós todos carregamos um saco de pedras nas costas: são nossas culpas, nossas mágoas, nossas decepções, nossas dores, nossas frustrações, nossos medos. E pedra é uma coisa muito pesada! Por que você não decide livrar-se das suas? Comece pelas menores, ou então, comece pelas maiores. O importante é lançar sobre cada uma a luz mágica da compreensão. Essa luzinha aos poucos vai tornando-as mais leves, menos densas, e vai fazendo você perceber que seu corpo está mais ereto, seus olhos mais brilhantes, seu sorriso mais aberto. E vai ter a maravilhosa sensação de que tudo está em divina ordem, que tudo está como devia ser. Muitas vezes nós nos apegamos a essas pedras e temos a impressão de que, se elas desaparecerem, vamos ficar mais pobres, mais frustrados, vamos perder nosso chão. Mas não é nada disso! Solte as pedras, desapegue-se delas, deixe-as ir, pois já cumpriram o papel que lhes cabia em sua vida. Abençoe-as e solte-as. DEIXE-AS IR!

Atalho 11

Não seja um "turista espiritual".

O turista espiritual é aquele que pula de curso em curso, de igreja em igreja, de guru em guru, de livro em livro, de crença em crença, sempre dependendo de ensinamentos alheios a ele mesmo e usando-os como muletas. O turista espiritual não se detém em nada o tempo suficiente para assimilar o que ouve, o que lê, o que vê, o que recebe. É preciso buscar dentro de si, é preciso aprender a fazer as escolhas certas, é preciso, especialmente, sentir o coração. Não se precipite nunca. ESPERE! SINTA! Não vá de poço em poço buscando águas com gostos diferentes.

Atalho 12

A Liberdade está no começo, não no fim.

A liberdade existe no momento em que você toma uma decisão, em que faz uma determinada escolha. Decida antecipadamente, com independência e sem pressões, o rumo de sua vida. Se fizer isso, quando as pressões surgirem sentirá segurança e saberá como agir. Vamos dizer que você tenha decidido que drogas não lhe convêm. Decidiu isso conscientemente, sem interferência de ninguém, por livre escolha. No momento em que alguém lhe oferecer uma droga, não terá nenhuma dificuldade, porque sua escolha já terá sido feita e poderá, então, recusá-la com tranquilidade e sem hesitação. Se deixar as decisões para os momentos de crise, será mais difícil exercer sua liberdade e poderá tornar-se escravo daquilo que não deseja, agindo sob pressão.

Atalho 13

Nunca imponha sua visão da verdade.

O proselitismo religioso é uma arma terrível contra a busca espiritual. Ele diz: "Não se preocupe mais. Está tudo aqui. Está tudo pronto para você. Não olhe mais para lado nenhum, porque estamos oferecendo a verdade numa bandeja. Entregue-

-se a nós e alcançará a salvação. Não pense. Não duvide. Feche os olhos e os ouvidos. Feche-se a tudo que não vier de nós. DURMA em nossos braços." As pessoas que procuram impor sua visão da verdade estão destruindo as possibilidades do outro de despertar, de abrir-se para seu próprio interior e para o Universo, de buscar o divino em si. Os que aceitam a verdade "de segunda mão" acham mais fácil ceder o seu poder a pregadores, a clérigos, a líderes religiosos, acatando seus ensinamentos como se fossem leis. Será que fazem isso por preguiça, por comodismo, por desinteresse, ou simplesmente por ingenuidade?

Atalho 14

Estamos sempre repetindo o pensamento alheio.

É natural repetirmos pensamentos alheios, desde que esses pensamentos não sejam do homem natural, mas frutos de inspiração divina, e que já tenham sido filtrados por nosso coração, aceitos por nosso Eu interior, assimilados por nossa alma e testados em nossa vida. O que não podemos fazer é repetir tudo o que ouvimos, indiscriminadamente, muitas vezes achando que, porque aquilo foi dito por um "figurão", deve ser acatado como verdade e divulgado aos quatro ventos. Não queira parecer mais informado do que é, repetindo palavras alheias. Aprenda a FILTRAR o que ouve e o que diz.

Atalho 15

Você não precisa estar sempre certo.

Só os tolos acham que estão sempre certos. Só os tolos acham que não precisam ouvir ninguém. Só os tolos acham que todos estão errados, menos eles. Você não precisa vencer todas as discussões. Não é humilhação dizer a outra pessoa: "Você tem razão." É sinal de maturidade, de consciência. Aprenda a aprender, reconhecendo seus erros. E admita-os sem qualquer reserva, sem constrangimento. Isso irá tirar um peso de seus ombros e fazer de você uma pessoa mais madura, mais consciente, mais descontraída, mais feliz.

Atalho 16

Deixe-se levar pela intuição.

"Ah", você poderá dizer, "eu não sou uma pessoa intuitiva." É claro que é. Todos nós somos. As pessoas que se consideram intuitivas são aquelas que prestam atenção às indicações de sua mente e de seu coração. As que se dizem não-intuitivas são as que descartam como "bobagens" as ideias súbitas que lhes vêm à mente. Se você vai andando por uma rua e de repente uma vozinha boba lhe diz: "Mude de calçada", MUDE DE CALÇADA!!! Não se preocupe em descobrir o motivo da mudança de calçada. Siga seu caminho alegremente, sem olhar para trás. A intuição muitas vezes também se manifesta como angústia ou como desconforto físico, quando estamos tomando uma decisão errada ou entramos em um lugar que não é certo para nós. Só tome as decisões que lhe tragam paz, mesmo que sejam difíceis. E quando parecer que uma cadeira tem mil agulhinhas no assento e você não conseguir parar quieto, levante-se e vá embora. Não devia estar ali.

Atalho 17

Nunca diga: "Se eu fosse você..."

Você não é o outro, não tem o mesmo passado, não teve as mesmas experiências, não vive as mesmas circunstâncias, não tem as mesmas reações, não passou pelos mesmos traumas, não tem as mesmas aspirações. Como pode dizer "Se eu fosse você..."? Sua história é diferente, seus sentimentos são diferentes. Não queira que os outros vivam segundo aquilo que você acumulou em sua vida. E se alguém lhe perguntar "O que você faria?" responda: "Minha história é diferente da sua. Mas vamos pensar juntos: O que você gostaria de fazer?"

Atalho 18

Há os que fazem, os que não fazem e os que desfazem.

Há pessoas que têm iniciativa, exercitam sua criatividade, estão sempre dispostas a agir, a fazer o que é necessário, a inventar novas formas de executar as coisas, a compartilhar suas descobertas, a ajudar quem precisa, a caminhar a milha extra. Essas são as que *fazem*, que levam o mundo para frente, que facilitam o trabalho de todos, que colaboram com o avanço espiritual e material da humanidade. Há também as que *não fazem*, que deixam a vida passar, vivem do trabalho alheio, não tentam vencer a preguiça, o comodismo, o conformismo. Em geral, essas pessoas estão sempre reclamando de tudo. Finalmente, há as que *desfazem*, aquelas que destroem o trabalho de quem faz, procuram obstruir os esforços dos outros, minar as iniciativas, desacreditar as boas intenções e o entusiasmo dos que agem. Em cada um de nós existe um pouco de cada tipo. Examine sua vida e veja qual dessas atitudes é predominante. Depois decida como vai ser a partir de agora.

Atalho 19

Pianista bem sucedido.

Uma mulher foi a um concerto de piano e ficou maravilhada com o virtuosismo e a interpretação do pianista. Ao final do concerto, dirigiu-se ao camarim do artista para dar-lhe os parabéns. E disse, entusiasmada: "Maestro, eu daria minha vida para tocar como o senhor." Ao que o pianista respondeu: "Pois foi exatamente o que fiz." Às vezes, é isso que é requerido de nós para alcançarmos nossa meta: DAR NOSSA VIDA. "Dar a vida" por alguma coisa não significa morrer por ela. Significa, sim, viver por ela. É muito mais difícil viver do que morrer por alguma coisa. Viver requer muito mais esforço, muito mais trabalho, muito mais dedicação, muito mais compromisso, muito mais amor. Você está disposto a viver? Então viva com entusiasmo, com fervor, com luta, com alegria, com risos e com prantos, mas VIVA!

Atalho 20

M.E.U.

Abra os braços em V, na direção dos céus, visualize seus braços como uma luz verde, cheia de Amor, estendendo-se para o Universo. Ao mesmo tempo, visualize um V invertido, descendo do Alto sobre você, um V dourado, cheio de Luz. Diga, do fundo de sua alma: "Eu estou aqui! Eu estou aqui! Eu estou aqui!" E peça: "Mostra-me! Ensina-me! Usa-me!" E quando você começar a abrir-se dessa forma para o Universo, em completa e feliz entrega, UMA COISA MARAVILHOSA VAI ACONTECER EM SUA VIDA! Mas não tenha pressa, não fique ansioso, simplesmente SE ENTREGUE! Deixe que o Espírito siga Seu curso.

Bloco 2
(Atalhos 21 a 40)

21. Não sei para onde estou indo, 31
22. Observe-se como se não se conhecesse, 31
23. Tome consciência daquilo que não pode fazer, 32
24. Eu gosto *versus* Eu detesto, 33
25. Sou sincero. Sou autêntico, 34
26. Aprenda a ouvir, 34
27. A vida é dura para quem é mole, 35
28. Você sofre de ofendite aguda?, 36
29. Aprenda a rir de si mesmo, 36
30. Nenhum elogio me faz melhor..., 37
31. Quem apela para a embalagem, carece de conteúdo, 37
32. Ter como se não tivesse: "o poder do não-poder", 38
33. Decida o que vai fazer com sua vida, 39
34. Você não precisa ser um Atlas, 40
35. Deixe para amanhã o que não precisa fazer hoje, 40
36. Torne a sua vida mais fácil, 41
37. Cadeias de flores, 42
38. Que sua palavra valha tanto quanto um documento, 43
39. Que a palavra se transforme em ato, 44
40. Ninguém é melhor do que você..., 45

CA

Atalho 21

Não sei para onde estou indo. Só sei que não posso mais voltar.

Esse é um sentimento expresso por quase todas as pessoas que experimentam o Caminho espiritual. A busca do espírito é um caminho sem volta. Uma vez experimentado, é impossível fugir dele. Quando a consciência começa a despertar, não há o que a faça voltar a adormecer. Há um mundo novo a ser descoberto, um mundo de maravilhas que faz com que a pessoa enfrente todos os perigos, todos os obstáculos, todas as pseudoperdas que porventura resultem de sua decisão. E embora ela não saiba exatamente onde vai chegar, sabe que, mesmo que às vezes retroceda um pouco, já não conseguirá ter prioridades que a afastem da vida espiritual. Portanto, pense duas vezes antes de dar o primeiro passo. Uma coisa, porém, é certa: muito pior é ficar de fora.

Atalho 22

Observe-se como se não se conhecesse.

É muito fácil observar os outros. Seja no dia a dia, seja em um encontro ocasional, sempre analisamos as pessoas. Muitas vezes formamos nossa opinião em um átimo, no momento em que conhecemos alguém, simplesmente por uma palavra ouvida, um trejeito, uma roupa que nos chama a atenção. Mas você já tentou se observar? Faça a experiência: observe-se como se não se conhecesse, como se fosse a primeira vez que se encontrasse com a pessoa que você é. Veja-se como os outros o veem. E aí? Gostou? Qual foi a primeira impressão que causou? Você é simpático? É uma pessoa agradável? Inspira confiança? Fala com clareza? Faz muitas caretas de desagrado ou gosta de sorrir? Tem sempre uma atitude crítica? Faz comentários positivos ou negativos sobre as pessoas? Como é que você se veste? Como é seu andar? Qual sua reação quando algo não lhe agrada? É tolerante? Solícito? Amoroso? Pensa só em si mesmo, ou os outros também contam? Faça a experiência de se observar, e garanto que vai ter uma enorme surpresa!

Atalho 23

Tome consciência daquilo que não pode fazer.

Muitas vezes nos angustiamos porque não conseguimos fazer algumas coisas. Pense bem: se todos tivéssemos os mesmos talentos, as mesmas facilidades, o mundo não teria nenhuma graça, não haveria espaço para o progresso, não conseguiríamos apreciar ninguém. Pare de pensar que precisa ser o super-homem ou a mulher maravilha e aceite aquilo que não consegue fazer. Concentre-se no que PODE fazer. Concentre-se em seus talentos, e não nos talentos alheios. Você não consegue correr, dance! Não consegue dançar, cante! Não consegue cantar, pinte! Não consegue pintar, cozinhe! Não consegue cozinhar, malhe! Não consegue malhar, bata um bom papo! Não consegue bater papo, leia! Não consegue ler, nade! Não consegue nadar, pilote um avião! Não sabe pilotar um avião, plante uma árvore, olhe as estrelas, converse com as pedras, grite! E seja muito grato por poder correr, ou dançar, ou cantar, ou pintar, ou cozinhar, ou malhar, ou bater papo, ou ler, ou nadar, ou gritar, ou apenas SENTIR!

Atalho 24

Eu gosto versus *Eu detesto*.

Você já reparou que quando afirma que detesta alguma coisa, coloca muita energia em suas palavras, muita força, muita ênfase? Agora observe quando afirma que gosta de alguma coisa. Faz isso com a mesma energia? Com a mesma intensidade? Com a mesma ênfase? Nossa tendência é sempre colocar mais força no *não* do que no *sim*. As coisas que consideramos negativas mexem mais conosco do que as que consideramos positivas. Entretanto, as coisas simplesmente *são*. Direcione sua atenção para aquilo que deseja, não para o que não deseja. Saiba que *a energia flui para onde está a atenção*. A atenção produz uma energia que gera a vontade. Quando disser "eu quero", "eu gosto", diga isso com atenção concentrada, pense realmente no que está dizendo, fale com o coração. Também, quando conhecer uma pessoa, quando pensar em uma raça diferente da sua, quando visitar um outro país, descubra o que vocês têm em comum, e não o que têm de diferente. Uma vez, no Egito, uma mulher maravilhosa de repente olhou para mim e sorriu. Eu sorri para ela. Foi só um instante, mas valeu pela amizade de uma vida. De muitas vidas. Nossas roupas eram diferentes, nossos costumes eram diferentes, nossas civilizações eram diferentes, não falávamos a mesma língua, mas vibramos na mesma sintonia de amor, de solidariedade, de compreensão mútua. Éramos apenas duas mulheres, olhando uma para a outra com a ternura da eternidade. Não havia diferenças entre nós.

Atalho 25

Sou sincero. Sou autêntico.

Será? A pessoa que afirma ser sincera e autêntica para justificar o fato de ser desagradável com alguém, na verdade é grosseira e egoísta, pois diz o que bem entende sem se preocupar com os sentimentos dos outros. Ela não deseja refrear-se e pensa apenas em si mesma; quer ferir sem precisar ter remorso, pois acha que sua "sinceridade" justifica a falta de delicadeza e consideração. Geralmente seus comentários não foram solicitados e ela está se intrometendo no que não lhe diz respeito. Se uma pessoa cortar os cabelos e você não gostar, de que adianta dizer que não gostou? Os cabelos já estão cortados, e se a pessoa estiver satisfeita, por que lhe tirar a alegria? Se ela não gostou, por que aumentar seu mal-estar? Caso não tenha nada de bom a dizer, não diga nada, ou faça um comentário generalizado, como "Ah, você cortou os cabelos!" Para que ser indelicado?

Atalho 26

Aprenda a ouvir.

É muito difícil ouvir, ouvir com os cinco sentidos, ouvir prestando atenção ao que está sendo dito. Enquanto estamos ouvindo alguém falar, já estamos pensando em nossa resposta. Isso divide nossa atenção e nos impede de assimilar o que ouvimos. Ouça atentamente o que a outra pessoa tem a dizer, antes de pensar no que é que você vai dizer quando ela terminar. Nós não queremos ficar para trás e gostamos muito de entrar em competição com nosso interlocutor. Se ele nos fala sobre um problema, nós retrucamos com um problema ainda maior, e entramos logo numa competição de sofrimento. Você sofre? Ah, mas eu sofro muito mais. Você tem uma dor? Ah, mas a minha é muito maior. Antes que ele termine de descrever seu sofrimento, sua dor, nós já estamos pensando furiosamente no que vamos dizer para que a balança penda a nosso favor, para vencer a competição. Ouça o que o outro tem a dizer com seu ouvido interno. Seja solidário, seja respeitoso, demonstre seu interesse. A conversa não é só sobre você, é sobre *ele* também.

Atalho 27

A vida é dura para quem é mole.

Não fique parado, esperando que as coisas lhe caiam nas mãos. É preciso usar sua energia para conseguir aquilo que deseja. Isso não significa matar-se de trabalhar, mas ter uma atitude de expectativa, de abertura, uma vontade de participar do que acontece, de abrir-se para o divino, para o Universo, de acessar sua memória celular, de fazer parte do maravilhoso trabalho espiritual que está acontecendo no planeta, de fazer brilhar sua luz, de, de, de... TUDO. É preciso fazer crepitar seu fogo interior, estar atento, não ter medo nem preguiça de realizar mudanças em sua vida, em seus hábitos, em sua maneira de pensar. Caso contrário, a vida vai ser sempre muito dura, porque será monótona, enfadonha, sem brilho, sem aventuras, sem vitalidade, sem desenvolvimento. Viva! Arrisque-se, junte-se aos intrépidos, aos que seguem a intuição, aos que pulam no escuro porque sabem que serão amparados, que não estão sozinhos. Junte-se aos que já descobriram que não há lugar para moleza no caminho espiritual. Faça, aja, lute, ande – há uma porção de gente vindo atrás de você.

Atalho 28

Você sofre de ofendite aguda?

Você vive magoado com tudo e com todos, achando que ninguém o aprecia, que ninguém lhe dá valor, que ninguém reconhece o que faz? Está sempre ofendido com alguém, sempre cobrando, sempre reclamando que ninguém se lembrou de seu aniversário, que ninguém lhe telefona, que ninguém gosta de você? Aliás, ninguém veio ao mundo para gostar de você. Viemos para gostar de nós mesmos, para buscarmos nosso desenvolvimento, nossa integridade. Não fique esperando que os outros se lembrem de seu aniversário. Já na véspera, telefone para todo mundo e diga; "Ei, amanhã é meu aniversário!" Faça isso alegremente e verá como seus aniversários passarão a ser muito mais felizes. Livre-se da ofendite aguda, CURE-SE! Relaxe!

Atalho 29

Aprenda a rir de si mesmo.

Não se leve muito a sério. Aprenda a falar de seus erros e defeitos com tranquilidade e humor. Só assim conseguirá superá-los. Se tentar escondê-los a fim de manter sua imagem, eles se fortalecerão. Se, porém, não lhes der muito peso, sabendo que são degraus para o seu desenvolvimento, será mais fácil dissolvê-los. Ria de si mesmo, sem constrangimento, e verá que as outras pessoas também acharão que seus erros e defeitos são divertidos e sem importância. Só assim você conseguirá ter uma visão equilibrada de si mesmo, deixando para trás os defeitos de que deseja livrar-se.

Atalho 30

"Nenhum elogio me faz melhor, nenhuma crítica me faz pior. Eu sou o que sou, diante de Deus e de minha consciência."
Huberto Rohden

A descoberta desta verdade é uma grande libertação. Não se aborreça com as críticas. Se elas não forem verdadeiras, não farão a menor diferença. Se forem verdadeiras, poderão servir de alerta e ajudá-lo a corrigir seu curso. Ao conseguir esse equilíbrio, estará dando um passo muito importante no caminho espiritual. Você sabe quem é, você se conhece, e nada nem ninguém poderá mudar isso com críticas ou elogios. O elogio às vezes é mais prejudicial que a crítica, pois mexe com nosso ego e pode levar-nos à vaidade ou ao orgulho. Quando nos deixamos influenciar por uma crítica ou por um elogio, estamos apenas preocupados com nossa imagem: aquilo que os outros pensam de nós. Tenha consciência de quem você é e *deixe de se preocupar com sua imagem*.

Atalho 31

Quem apela para a embalagem, carece de conteúdo.

Cuidado com as coisas muito chamativas, aquelas que logo se tornam populares e apresentam mil promessas milagrosas. Qual é o caminho que você deseja trilhar? É um caminho espiritual que o levará às profundezas de seu ser, ou é um caminho pseudoespiritual que lhe proporcionará bens materiais? O mercado está cheio de livros, vídeos e DVDs mostrando-lhe como fazer para sair-se bem na vida. Mas que vida? Que tipo de vida? O dinheiro é uma coisa maravilhosa e não há nada de errado com ele, mas é o dinheiro como prioridade que empana a visão espiritual. Cuidado com os livros da moda, com os cursos da moda, com os vídeos da moda, com os DVDs da moda, com os remédios da moda. Quem ou o quê está por trás deles?

Atalho 32

Ter como se não tivesse: "o poder do não-poder".

Ter é um estado não-definitivo. É uma situação de momento, uma condição aleatória. Se você basear sua vida no ter, irá sempre sentir uma certa insegurança, uma pré-ocupação quanto ao futuro, um medo de sofrer alguma perda, nem que essa perda seja em termos de prestígio, de importância, de poder. E isso não se aplica apenas aos bens materiais. Aplica-se também às coisas do espírito. Quando dizemos "meus mestres, meus dons, meu conhecimento, minhas canalizações" etc., estamos afirmando que são nossos, que nos pertencem, que são nossa propriedade ou até nosso direito. Não baseie sua vida naquilo que pensa ter, porque, de repente, não terá mais. Portanto, relaxe e *tenha como se não tivesse*. Joel Goldsmith, um místico havaiano, falava do *poder do não-poder*. Há muitas formas de interpretar essa ideia, mas podemos pensar que o grande poder interior que todos nós temos, ou mesmo dons específicos pessoais, não nos devem levar a um tipo de orgulho espiritual, ao abandono da simplicidade, à perda da ternura. Precisamos saber que o poder de dentro é maior do que o poder de fora, que a candura é maior do que a soberba, que a verdadeira humildade é maior que a ostentação. O verdadeiro poder é tê-lo como se não o tivesse, é ensinar como se aprendesse, é falar como se escutasse, é dar como se recebesse, é curar como se alcançasse a cura, é amar como se fosse o receptáculo do amor. Dessa forma, tornaremos o material menos denso e alcançaremos a plenitude do espiritual.

Atalho 33

Decida o que vai fazer com sua vida. Não deixe que ela decida o que vai fazer com você.

É sempre mais fácil passar o peso da responsabilidade para a vida. Difícil é assumir responsabilidade por ela. Você culpa a vida por todos os seus dissabores? É claro que existem coisas inevitáveis que gostaríamos de não ter de enfrentar. Mas, com poucas exceções, somos nós que atraímos ou provocamos o que nos acontece. Nossa atitude é determinante no rumo de nossa vida. Você está sempre dizendo "Eu sabia que isso não ia dar certo. Não falei?" "Tudo acontece comigo!" "Estou pegando um resfriado." "O dinheiro não vai dar." "Não confio em ninguém."? Comece a perceber sua força, seu poder interior, comece a dirigir sua vida. Seja positivo, seja otimista, seja alegre, não viva ao sabor das ondas. Decida o que vai fazer. Decida o caminho que vai tomar. E se no meio do caminho precisar fazer um ajuste ou mudar de direção, não tenha medo, não hesite. A vida é sua. Comande-a!

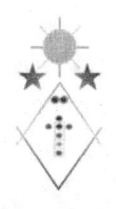

Atalho 34

Você não precisa ser um Atlas, não precisa carregar o mundo nas costas.

Não é à toa que a primeira vértebra cervical, aquela que sustenta nossa cabeça, chama-se Atlas. Também o gigante Atlas foi condenado por Zeus a sustentar nas costas a abóbada celeste. Nós, muitas vezes, cedemos à tentação de carregar o mundo nas costas. Achamos que só nós podemos resolver os problemas de nossa família, de nossos amigos, de nossos vizinhos, de nossa comunidade, do mundo! Só que não podemos. Essa carga é muito pesada para uma única pessoa. Precisa ser dividida. Quando achamos que só nós somos capazes de achar soluções, só nós temos bom-senso, só nós temos iniciativa, só nós temos responsabilidade, não estamos apenas cedendo ao orgulho, mas também, muitas vezes, tirando a oportunidade de as pessoas crescerem, desenvolverem seus próprios talentos, sua criatividade, encontrarem as próprias soluções. Estamos também incentivando a preguiça, o comodismo, a inércia. Ajude na dose certa. Faça sua parte e, se o bom-senso prevalecer, vai descobrir que *sua* parte é muito menor do que imaginava.

Atalho 35

Deixe para amanhã o que não precisa fazer hoje. Corra lentamente.

Às vezes pensamos que viver é apostar corridas. Não, não é. Viver também é determinar prioridades, saber o que é realmente importante, o que é urgente e o que não é. Não há necessidade de fazer tudo, especialmente tudo o que lhe pedem. Pare de correr, RELAXE. Florence Knightingale dizia que "corria lentamente". Trabalhar não significa esbaforir-se, fazer mil coisas ao mesmo tempo, mas fazer as coisas a tempo, sabendo o que é essencial. Aprenda a dizer "não", conheça seus limites, estabeleça limites. Quando disser não, a outros ou a si mesmo, faça-o sem nenhum sentimento de culpa, faça-o conscientemente, sem hesitação. No seu dia a dia, o que não for indispensável fazer hoje, faça amanhã! Ou depois de amanhã. Ou nunca. Não é essencial? Esqueça! Ocupe seu tempo com aquilo que lhe dá prazer, que faz fluir sua vida. E aprenda a sentir prazer no que faz. Cante enquanto trabalha, ria, brinque, use sua imaginação, ou *imagem-em-ação*, para que o trabalho se torne leve. Não se estresse, não reclame, não seja ranzinza, não implique, não se desespere. Pare de correr, para ficar centrado. Nem tudo precisa ser feito hoje. Amanhã é um dia perfeito!

Atalho 36

Torne sua vida mais fácil, descomplique o seu modo de encarar as coisas.

Você já ouviu falar em descomplicação? Pois é. É um segredinho que pode mudar sua vida. Tudo é difícil para você? Vive enrolado com seus horários, seus afazeres, seus estudos, seus relacionamentos? Ah, a culpa é sua! Aposto que complica sua vida sem necessidade. Tudo para você tem que ser muito planejado, muito programado? Que pena. Está perdendo grandes oportunidades de ser mais feliz. Quando recebe um convite de última hora, responde que não vai dar, que tem mil coisas para fazer, tem que estar em tal lugar a tal hora? Não tem, não. Jogue tudo para o alto e vá curtir a vida descomplicadamente. Por que sua existência tem que ser tão certinha? Por que seus horários têm de ser tão rígidos? Ah, mas tenho uma reunião de trabalho, preciso ir ao analista, preciso pegar os filhos na escola, preciso preparar o jantar (e nunca diga "janta", porque é horrível), preciso conversar com meu inquilino, preciso levar o carro na oficina, preciso dormir cedo, preciso ir ao cabeleireiro, preciso, preciso, preciso. De vez em quando você precisa é passear, bater um papo gostoso, jogar conversa fora, recordar travessuras de criança, namoros da juventude, beber água de coco na barraquinha da esquina, ver um filme romântico duas vezes seguidas, olhar as estrelas, escrever poesia, tomar um capuccino e comer um pão de queijo; ai, quanta coisa deliciosa há para fazer, descomplicando a vida.

Atalho 37

Cadeias de flores.

Somos prisioneiros do que podemos chamar de nossas cadeias de flores. Somos prisioneiros e escravos de nosso conforto, de nossas mordomias, de nossas facilidades, de nosso *bem-bom*. Essas cadeias de flores nos enfraquecem, tiram-nos a fibra, tornam-nos totalmente dependentes. Não é mau você gozar de certas mordomias, confortos, facilidades, desde que não se torne seu escravo. Quando você se deixa prender por essas cadeias de flores, sente-se perdido caso elas desapareçam de sua vida. Não consegue adaptar-se às novas condições. Mas se tiver essas coisas como se não as tivesse, sua adaptação será muito mais rápida e menos dolorosa. Você gosta só de manteiga? Experimente margarina. Melhor ainda: bata-a com um pouco de leite e ela dobrará de volume: você terá dois potes em vez de um. Aprenda a sobreviver. Você só anda de carro? Experimente o metrô.

Vai ver que tem suas vantagens: é muito mais rápido e menos cansativo. Ou ande de ônibus. Ou vá a pé. Você tem duas empregadas? Experimente passar um fim de semana sem nenhuma: verá como é divertido inventar suas comidinhas, arrumar a casa do seu jeito, chegar ao fim do dia cansado de trabalhar, mas sabendo do que é capaz. E, para coroar tudo isso, em vez daquele banho quentinho, demorado, tome um banho bem frio, que é muito mais saudável! Aprenda a adaptar-se.

Atalho 38

Que sua palavra valha tanto quanto um documento.

Não estamos acostumados a levar a sério nossa própria palavra. Fazemos promessas vazias que não temos a menor intenção de cumprir. Aliás, depois que saem de nossos lábios, nem nos lembramos delas. "Te ligo amanhã – Devolvo logo – Me espere às 6 – Vou falar com ele – Depois eu limpo – Entrego já – Que tal um cineminha amanhã? – Vou te dar de presente – Viajamos no ano que vem – Vou te mandar o dinheiro – O relatório está quase pronto – Daqui a pouco – A volta ao mundo? Claro!" Você já quebrou alguma dessas promessas? Só uma? Duas? Três? As promessas foram feitas a adultos, ou algumas foram feitas a crianças? Os adultos até que já estão acostumados com isso, porque todos eles fazem a mesma coisa, mas as crianças, NÃO! Nunca deixe de cumprir promessas feitas a uma criança, por menor ou mais insignificante que seja a promessa. Elas jamais esquecem e, pouco a pouco, vão perdendo a confiança nos adultos. Também na vida profissional, demonstre sempre que sua palavra vale tanto quanto um documento. Seja íntegro, seja verdadeiro, seja honrado. Seja o seu falar sim – sim; não – não.

Atalho 39

Que a palavra se transforme em ato.

Quantas vezes nos entusiasmamos com uma ideia, com um plano, com um ensinamento, com um chamado, com uma oportunidade de fazer o bem. E propagamos nosso entusiasmo aos quatro ventos, no intuito de contagiar os outros com nossas palavras. Só que na hora de pôr em prática aquilo que nos entusiasmou, ah, aí a coisa fica diferente. Será que vai dar certo? Será que vai dar muito trabalho? Será que vai demorar demais? Será que vale a pena? Será que consigo? Será? Será? Será? E o tempo vai passando, o entusiasmo vai arrefecendo, a coisa vai ficando cada vez mais distante, até dissolver-se por completo. Quantos planos gloriosos ficam esquecidos na gaveta de nosso destino! Quanta energia perdida! Quanta imaginação desperdiçada! Quantas promessas quebradas! Palavras são apenas símbolos representando ideias. Elimine a distância entre o símbolo e a ação sugerida pelo símbolo. Elimine a distância entre o *falar* e o *fazer*. Um grande líder tinha sobre a mesa de trabalho uma plaquinha dizendo "FAÇA!" Muita gente que ia a sua sala, ao ver aquela placa desistia imediatamente do que fora fazer ali, dava meia-volta e saía com uma nova maneira de encarar a vida. FAÇA isso você também.

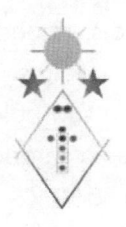

Atalho 40

Ninguém é melhor do que você. Mas também ninguém é pior.

Este atalho liberta-nos do famoso complexo de inferioridade e, ao mesmo tempo, acaba com nossa vaidade. Temos a mania de fazer comparações entre nós e os outros. Sempre nos achamos piores do que alguém: menos talentosos, menos capazes, menos bonitos, menos inteligentes, menos interessantes, menos cultos, menos, menos, menos. E, em vez de tentarmos melhorar nossa atuação, passamos o tempo lamentando-nos e invejando as qualidades alheias. Isso é uma perda de tempo e só leva a pensamentos negativos que criam em nossa vida uma situação negativa. Ninguém é melhor do que você. O que acontece é que somos todos diferentes (embora tão parecidos!) e nossas aptidões são sempre diferentes das de outros indivíduos. Só que diferente não significa pior. Não inveje os talentos alheios. Concentre-se nos seus. E olhe que são muitos! Por outro lado, vamos descobrir que ninguém é pior do que nós. Ou que não somos melhores do que ninguém. Dá na mesma. Apenas estamos em degraus diferentes, o que não significa superioridade nem inferioridade. Alguém que esteja hoje num degrau "abaixo" do nosso, pode ultrapassar-nos em um segundo, assim como nós também podemos ultrapassar os que estão "acima" de nós. O que importa não é o ponto do caminho em que você se encontra, mas o Caminho em si, a caminhada. O caminho é só seu, o ritmo é o seu, os atalhos são os seus. Siga em frente e sinta-se feliz no lugar onde está. Só não pode mesmo é ficar parado.

Bloco 3
(Atalhos 41 a 60)

41. Quem é, não diz. Quem diz, não é, 47
42. É preciso ouvir o Espírito, não o intelecto, 48
43. Esvaziar para encher, 48
44. Só ensine aquilo que estiver apto a viver, 49
45. Crenças são como cascas de cebola, 50
46. Não basta achar que deve, 51
47. Se pretende fazer alguma coisa, não anuncie: Faça!, 52
48. Atraia para si só o que lhe convém, 53
49. Não peça: Afirme!, 54
50. Não existem métodos nem técnicas espirituais, 55
51. A culpa é para os fracos, 56
52. Seja advogado de defesa, 57
53. O que pode ser tirado de nós, não nos pertence, 58
54. Quem critica se confessa, 58
55. Não use óculos fantasiosos para olhar as pessoas..., 59
56. Evite as competições de sofrimento, 60
57. O bálsamo divino, 62
58. Não faça alarde, 62
59. A primeira Lei dos Anjos, 63
60. E daí?, 64

OX

Atalho 41

Quem é, não diz. Quem diz, não é.

Quando se deparar com uma pessoa que se autointitule "mestre espiritual", tome cuidado, porque quem é, não diz, e quem diz, não é. Um verdadeiro mestre jamais pensaria em si mesmo como tal e ficaria muito constrangido em ser considerado superior às outras pessoas. O verdadeiro mestre é manso, alegre como uma criança, simples, espontâneo, ingênuo até, amoroso, brincalhão, e digno, muito digno. O verdadeiro mestre não acha que "a propaganda é a alma do negócio" e, portanto, não se promove, não se expõe. Como reconhecê-lo, então? Ah, o mestre se reconhece com o coração, quando ele olhar para você com um olhar de amor, de compreensão, de aceitação, sem restrições, sem julgamento, apenas com doçura infinita. Então o seu coração se derreterá de alegria, de êxtase. Sorria para ele com a mesma doçura, e ele vai saber. E você vai saber. E mesmo que nunca mais o veja, sua vida jamais será a mesma.

(*In memoriam:* Edmundo Teixeira, meu amado mestre terreno, cujos atalhos – que ele chamava de "setas" – levaram-me ao Caminho.)

Atalho 42

É preciso ouvir o Espírito, não o intelecto.

Estamos acostumados a seguir o intelecto, a ouvir sempre a razão, a seguir linhas de raciocínio, a buscar a lógica. Só que a lógica espiritual é muito diferente. Ela passa tão longe do intelecto que muitas vezes nos confunde. O ser humano não aceita que existam coisas no universo e em nosso interior que desafiam o raciocínio, que contrariam nossa certeza de que dois mais dois são quatro, de que, quando se divide, as partes ficam menores. A lógica espiritual diz que é preciso dividir para multiplicar, que quanto mais você dá, mais rico você fica, quanto mais você se desapega, maior é sua satisfação, quanto mais ama, menos sofre, quanto mais compartilha, mais sábio se torna. A sabedoria espiritual diz que quando alguém fica zangado com você, o problema é dele, e quando você fica zangado com alguém, aí, sim, o problema é seu. Diz também que é melhor ser roubado que roubar, é melhor ser ferido que ferir, é melhor ser caluniado que caluniar, é melhor ser explorado que explorar, é melhor ser odiado que odiar. É difícil? Claro que é! Mas, e daí? Você não decidiu seguir a Luz? Afinal, quer ou não quer se transformar?

Atalho 43

Esvaziar para encher.

Você cresceu dentro de uma igreja, seguindo uma religião, apegado ou escravizado a dogmas, a ritos, a proibições, a regras que lhe diziam como viver, como se vestir, como falar, como comer, como pensar, como sentir, como, como, como?

Pois é: eu também. De repente você acorda, toma consciência, percebe a manipulação, a lavagem cerebral, a prisão. E aí sente necessidade de ar puro, de encher os pulmões de luz, de olhar o Sol de frente, sem precisar sentir-se dependente, sem precisar de intercessores, sem precisar de nada que não venha de dentro de você. Nossa, que coisa maravilhosa! Aí você olha nos olhos de seu irmão sem julgamento, sem cobranças, sem expectativas. Ele é livre, assim como você. O que aconteceu nesse processo? Você se esvaziou, jogou fora seus preconceitos, suas crenças, sua dependência. E só depois de se esvaziar é que vai ter início o processo de reconstrução. Essa reconstrução, porém, vai começar de dentro para fora, ao contrário do que acontecia antes. Desta vez, tendo encontrado a liberdade, só aceitará o que seu coração filtrar, o que seu coração sentir. Nada vindo de fora poderá ditar sua vida. Nada vindo de fora tornará a escravizá-lo. Mas a libertação tem que ser total, para que você não se torne escravo de outras formas de manipulação, como a culpa, o medo, a dúvida. Corte as amarras. Livre-se de todos os detritos doutrinários, das ameaças amedrontadoras, da culpa insidiosa. A experiência da escravidão pode ensinar-lhe o significado real da liberdade. Sorva essa seiva libertadora, mergulhe na alegria de ser dono de sua própria espiritualidade.

Atalho 44

Só ensine aquilo que estiver apto a viver.

Ensinar é uma responsabilidade muito grande. E o ensinamento que não vem acompanhado da experiência é vazio. Todo ensinamento precisa ser testado, posto em prática, vivenciado. Só então pode ser transmitido. Não espere que os outros façam aquilo que você não consegue fazer. O que você não faz, não tem condições de ensinar. Isso não significa que precise alcançar a perfeição em todos os aspectos de sua vida, pois ainda estamos em um processo de aprendizado, esforçando-nos para vencer etapas e chegar mais perto de nosso céu interior. Dentro de nosso nível atual, porém, existe um ponto máximo, um patamar, a partir do qual nos lançaremos para o próximo degrau. Então, tomando esse ponto máximo como limite, podemos indicar os atalhos que já experienciamos e que já incorporamos em nosso dia a dia. Nunca fale sobre o que não sabe, não conhece, não vivenciou. Não se apresse a transmitir o que pensa que acabou de aprender, porque nunca se aprende realmente sem passar pela experiência. Ouça, medite, ponha em prática, internalize, e, só então, ensine.

Atalho 45

Crenças são como cascas de uma cebola.

A crença é cega e apoia-se no pensamento alheio. As crenças são como cascas de uma cebola, que vão se acumulando sobre nosso ser verdadeiro e sufocam-nos a essência. As crenças não têm origem em nós. Elas sempre vêm de fora, são-nos impingidas no decorrer da vida, desde o momento de nosso nascimento. E, como acontece com a cebola, é preciso tirar casca por casca, pacientemente, conscientemente, para podermos saborear a parte que tempera os alimentos, chegar ao nosso cerne, àquilo que faz parte de nós, que trouxemos conosco, aquilo que somos. O que você é, de verdade? Crer não é saber. A crença vem de fora, o saber vem de dentro. Saber tem origem em *sapere* (latim), que significa "ter gosto". Saber é saborear, é ter a experiência. Dizer "eu creio" e dizer "eu sei" são duas coisas completamente diferentes. Quando você diz "eu creio", quase sempre se refere a uma doutrina que lhe foi transmitida por outras pessoas e que não permite contestação. Se contestá-la, "vai pro inferno"... Quando diz "Eu sei", é porque teve a experiência, sentiu o gosto, saboreou. O mundo todo pode lhe dizer que chocolate é gostoso, mas se você nunca o experimentou, não sabe o sabor que tem. Como também nunca vai saber o sabor do divino por meio da palavra de terceiros. A doutrina é transmitida pela linguagem dos homens e faz de você um prisioneiro. A linguagem do Espírito traz liberdade.

Atalho 46

Não basta achar que deve. É preciso uma vontade firme.

Qualquer realização começa com uma vontade. É preciso uma vontade firme para alcançar um resultado. É a vontade que nos move, é ela que impele à ação. Não é bastante saber que se deve fazer alguma coisa. É preciso querer, é preciso sentir aquele fogo interior que não nos deixa desistir, que não conhece o cansaço, que não aceita hesitações. A obrigação, o dever, não são suficientes para nos motivar. É preciso uma visão, é preciso enxergar mais longe, é preciso, antes de tudo, sentir com o coração. Só que ninguém pode ensinar uma pessoa a ter vontade. Todos nós sabemos que o dever é uma coisa pesada e, por isso, é preciso transformá-lo em prazer. Há sempre um jeito de fazer isso, até nas coisas mais corriqueiras. Por exemplo: Você detesta, como eu, arrumar camas? Transforme a obrigação em uma coisa prazerosa, pensando que, naquela cama, você vai descansar, vai ter belos sonhos, vai dormir com a pessoa que ama, vai planejar seu futuro, ou vai entrar em contato com seu eu maior, ou vai meditar e enviar uma energia maravilhosa para o universo, para os habitantes do planeta, para seus entes queridos. Há tanta coisa linda que pode acontecer numa cama! Pense com carinho nas pessoas que vão dormir ali. São seus filhos, são seus pais, é uma amiga querida que vai passar a noite em sua casa? São tantas as possibilidades. Mas o importante, mesmo, é transformar algo que em geral você detestaria fazer, em um gesto de amor, de boa vontade, de alegria. O divino adora vê-lo sorrindo, vê-lo fazendo as coisas com entusiasmo, sem reclamações. Do que é que você está reclamando? Crie juízo e encha-se de júbilo. O que mais você quer da vida? Para onde o levam suas vontades?

Atalho 47

Se pretende fazer alguma coisa, não anuncie: Faça!

Entre o dizer e o fazer existe uma enorme distância. Há os que falam e há os que fazem. Em geral, quem anuncia não faz. Quem faz, não precisa anunciar. O falar não substitui o fazer. O anunciar cria uma expectativa que, se não é atendida, gera frustração. Já perdeu o fio da meada? Mas é mais simples do que parece. Quantas coisas nesta sua vida você já anunciou e não concretizou? Quantas vezes disse que ia começar um regime? Quantas vezes disse a sua mulher "Deixe que daqui a pouco eu faço isso"? Quantas vezes anunciou a seu marido que ia preparar aquele prato de que ele gosta? Quantas vezes disse a seu filho que ia ajudá-lo a entender matemática? Quantas vezes disse a seus funcionários que ia providenciar um aumento? Quantas vezes disse a seu chefe que ia planejar uma nova estratégia de vendas? Quantas vezes anunciou que ia voltar a estudar? Quantas vezes declarou que ia começar a caminhar todos os dias? Quantas vezes disse que ia ler aquele livro? Quantas vezes garantiu que ia começar a malhar? Ficamos irritados com os outros quando não cumprem o que anunciaram, mas será que nós não somos culpados do mesmo pecadilho? Dê uma olhada em sua própria vida. Mas uma olhada honesta...

Atalho 48

Atraia para si só o que lhe convém.

É você quem cria sua realidade. São seus pensamentos, suas crenças, seus desejos, seus medos que se projetam no dia a dia. E assim como existe o verbo "criar", pense também no verbo "descriar." Procure identificar a crença, o pensamento, o desejo, o medo que deu origem a seus dissabores. O que foi que o fez acreditar na carência, na falta de amor, na dificuldade financeira, na doença? Se você diz "Feche a janela, senão vou pegar um resfriado", ah, você *já* pegou o resfriado. Se alguém lhe disser "Feche a janela, senão vai pegar um resfriado", responda: "Ah, mas meu corpo não foi feito para pegar resfriado!" Descrie a ideia de que friagem faz pegar resfriado, substituindo-a pela consciência de que, *realmente*, seu corpo não foi feito para pegar resfriado. Comece a dar ênfase ao oposto daquilo que deseja descriar. Decrete que a abundância é seu direito inalienável, que a saúde é sua herança, que você só está disponível para as energias luminosas do universo, que vai encontrar a pessoa certa ou vai ser feliz sozinho, que só vai se relacionar com quem fizer parte de seu caminho, e tudo o mais que desejar. Também, muita gente diz que "pega" as energias negativas dos lugares em que entra ou das pessoas que encontra. Você só "pega" se quiser. Carregue sempre, para onde for, a plenitude de sua própria energia, cheia de luz, de otimismo, de bênçãos. "Aonde eu vou, Deus vai na frente, preparando meu caminho. E fica na minha retaguarda, em forma de bênçãos."

Atalho 49

Não peça: Afirme!

Intento, intenção, vontade, propósito, determinação, decisão, decreto, objetivo, são palavras afirmativas que carregam uma força universal. É meu intento, é minha intenção, é meu propósito, é minha determinação, é minha decisão, é meu decreto, é meu objetivo, são expressões impositivas, que criam uma energia atuante e fazem as coisas acontecerem. Você é dono de sua vida, você tem o destino em suas mãos. É você quem determina o rumo de sua existência, é você quem cria sua realidade. Ninguém mais! Pedir é uma forma de jogar a responsabilidade para ombros alheios. Se o pedido não for "atendido", a culpa será de quem não o atendeu. E então você começará a ter ideias absurdas: "Será que não sou digno? Será que não mereço? Será que não sou amado? Será que esqueceram de mim? Será que estou cometendo algum pecado?" E então a famosa culpa começará a insinuar-se em seu espírito, enfraquecendo-lhe o ânimo, tornando-o infeliz. Não diga: "Peço que minha saúde seja restaurada." Diga: "É minha intenção que meu corpo se regenere." Assuma a responsabilidade. Decrete. Determine.

Seja dono de sua vida. Isso é fácil de fazer? Claro que não, pois fomos condicionados, desde crianças, a depender de um papai do céu distante e severo que premia ou castiga, dependendo de nosso comportamento. "É meu intento ter uma vida plena. É minha intenção ser bem sucedido. É minha vontade viver em segurança. É meu propósito ter bons relacionamentos. É minha determinação ter prosperidade. É minha decisão que as portas do caminho espiritual me sejam abertas. É meu decreto ler livros que ampliem meu horizonte. É meu objetivo ser um bom pai." Cresça, amadureça, tome as rédeas de sua vida nas mãos.

Atalho 50

Não existem métodos nem técnicas espirituais. Os métodos e técnicas pseudoespirituais só alimentam o mental. Contudo, disfarçam-se como sabedoria.

Hoje existe no mundo uma enorme variedade de métodos e técnicas de autoajuda, de autoconhecimento, de meditação, de como ganhar dinheiro, de como vencer na vida, de como isto e de como aquilo. Os métodos e as técnicas pseudoespirituais só satisfazem o intelecto, dando a impressão de que adquirimos um conhecimento especial, o qual nos abrirá as portas do infinito e nos aproximará do divino. E esses métodos e essas técnicas sempre têm um nome, um rótulo que os define. Só que dar um nome não significa conhecer, não significa saber, saborear, experienciar. A sabedoria não está no conhecimento intelectual, está no sentimento, na sensação íntima do toque divino. Ela não pode ser encontrada em métodos, em técnicas, em procedimentos. A sabedoria é inefável e só pode ser saboreada nas profundezas da alma, no silêncio do êxtase, na explosão súbita do amor, no vórtice da Luz. É então que você se torna um com ela, que você se dilui, que você é assimilado pelo Todo. Abra-se a essa expansão, abra-se à expansão infinita. Perceba, sinta, mergulhe no Universo, nade entre as estrelas, flutue na energia do Cosmo, abandone os pesos que o prendem, ria, gargalhe, dance, gire, goze a felicidade plena da unidade divina.

Atalho 51

A culpa é para os fracos. Os erros, para os que desejam compreender e tornar-se melhores.

A culpa é uma des-culpa, um meio de você dizer: "Sou assim mesmo e não vou mudar. A sensação de culpa não é castigo suficiente?" Quando nos sentimos culpados, ficamos escondidos atrás da culpa e ela se torna um anteparo, uma defesa contra responsabilidades. Culpado ou inocente? Se eu for declarado culpado, terei de cumprir pena. Declarado inocente, livro-me das consequências. Mas quando erro e reconheço meu erro, tento compreender as circunstâncias que me levaram a ele e, acima de tudo, desejo corrigi-lo. Sempre ouvimos dizer que precisamos nos arrepender de nossos "pecados." Na verdade, a palavra original, em grego, não era arrependimento, mas METANOIA, que significa transformação fundamental do pensamento. Portanto, João Batista não dizia: "Arrependei-vos" mas, sim, "Transformai vossa maneira de pensar". E é isso o que se requer de nós: pensarmos de uma nova forma: uma forma generosa, compreensiva, amorosa, positiva. Não use a culpa como des-culpa. Mude sua maneira de pensar. Converta-se à integridade e ao amor, e viva mais feliz.

Atalho 52

Seja advogado de defesa: não condene antes de tentar compreender.

Faça a seguinte experiência para mudar seu foco, e descubra um novo caminho de luz: veja-se como advogado de defesa de todas as pessoas que o cercam. Alguém perto de você está sendo acusado de alguma coisa? Está sendo julgado? Está sendo criticado? Arvore-se em seu advogado de defesa. O que faz o advogado de defesa? Procura atenuantes, procura justificativas, procura explicações. Faça isso. Lance a luz de sua compreensão sobre o outro. E sabe por quê? Porque estamos todos no mesmo barco e, no dia a dia de cada um, repetimos sempre os erros uns dos outros, temos todos as mesmas reações, dizemos todos as mesmas mentirinhas, temos todos as mesmas implicâncias, vivemos todos nossos momentos de irresponsabilidade, praticamos todos as mesmas vingancinhas, cometemos todos as mesmas gafes, temos todos algum tipo de inveja, fingimos todos não enxergar o pedinte que se aproxima, fazemos todos nossas fofoquinhas, ficamos todos aliviados quando a desgraça não é conosco, achamos todos que vencer é ganhar dinheiro, gostamos todos de dizer que nosso filho é o primeiro da classe, temos todos nojo das mesmas coisas, jogamos todos papel na rua, procuramos todos tirar vantagem... Devo continuar?

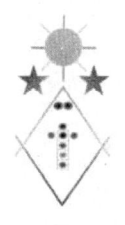

Atalho 53

O que pode ser tirado de nós, não nos pertence.

Ouvimos sempre alguém dizendo: "Perdi sua amizade." "Ela roubou *meu* namorado." "Perdi *meu* emprego." "Roubaram *minha* bicicleta." "Perdi *minha* carteira." O pronome possessivo é um dos mais usados em nosso dia a dia. Nunca, porém, ouvimos alguém dizer: "Roubaram minha integridade." "Roubaram minha compaixão." "Perdi minha sabedoria." "Roubaram meu caráter." "Perdi meu conhecimento." O que é realmente nosso? Somente aquilo que é intrinsecamente nosso. Não é o que está fora: apenas o que está dentro. Você tem o que você é, mas não é o que você tem. O bem material é *tível*, o atributo moral ou espiritual é *sível*. Entendeu? Ah, desculpe. Com *tível* quero dizer – passível de ser tido. E com *sível* quero dizer – passível de ser. O que você é não lhe pode ser tirado. Já o que você tem... Quando ouvir alguém dizendo: "Ah, perdi sua amizade," ou "Roubaram meu marido," replique: "Não, não perdeu. Você nunca os teve," pois o que pode ser tirado de nós nunca foi nosso.

Atalho 54

Quem critica se confessa.

Ouvi isso outro dia, e achei ótimo. É muito difícil aceitarmos o fato de que aquilo que nos irrita nos outros existe em nós. Os defeitos alheios que saltam a nossos olhos são nossos próprios defeitos refletidos, e é por isso que nos incomodam tanto. Lembro-me das exclamações indignadas de alguns participantes de uma aula do Quarto Caminho, quando nosso mestre afirmou que detestamos nos outros aquilo que existe em nós. Os protestos foram gerais. Uma pessoa disse, contestando revoltada: "Eu detesto mentiras! Eu não minto nunca! Como é que alguém pode afirmar que eu tenho esse defeito que detesto nos outros?" Ela não percebia que existem tipos diversos de mentiras, especialmente, no caso dela, o fato de estar sempre mentindo para si mesma. Portanto, é bom que fiquemos atentos àquilo que nos irrita nos outros, porque, quando criticamos, estamos nos confessando: confessando nossos próprios defeitos. Vamos prestar bastante atenção e aprender sobre nós mesmos nos momentos de "confissão." E não se zangue comigo por estar tornando você consciente desta verdade...

Atalho 55

Não use óculos fantasiosos para olhar as pessoas. Veja-as e aceite-as como elas são.

Dependendo da pessoa, usamos óculos favorecedores ou desfavorecedores para olhar para ela. Se é alguém por quem temos simpatia, ah, tudo lhe é permitido. Que gracinha, que inteligente, que fofura, ela não fez por mal, merece outra chance, é boa gente, pode confiar. Mas se é uma pessoa de quem não gostamos muito ou que não conhecemos bem, colocamos imediatamente os óculos contrários. Então vemos tudo escuro, enxergamos somente defeitos, desconfiamos de tudo que ela faz. Precisamos conseguir uma isenção, uma imparcialidade, até mesmo uma neutralidade ao olharmos para as pessoas. Precisamos enxergá-las simplesmente como são, sem conferir-lhes defeitos ou qualidades. Ninguém é totalmente bom nem totalmente mau. Ninguém é totalmente verdadeiro nem totalmente falso. Ninguém é totalmente generoso nem totalmente egoísta. Ninguém é totalmente corajoso nem totalmente poltrão. Ninguém é totalmente desinibido nem totalmente tímido. Somos todos um pouco de cada coisa, sendo que em algumas pessoas certas características são mais – ou menos – desenvolvidas, estão mais – ou menos – à mostra. Mas não se iluda: estamos todos no mesmo barco, aprendendo as mesmas coisas, incorrendo nos mesmos erros, tentando agarrar a tábua salvadora e chegar à terra firme. Quando perceber isso, olhará para os outros com muito mais compreensão, com muito mais boa vontade. Não precisará de óculos, sejam eles de que tipo forem. Começará a aceitar as pessoas como são, deixará de se irritar com elas; sua fisionomia ficará mais serena e seu coração, muito mais leve.

Atalho 56

Evite as competições de sofrimento.

Competir é uma coisa divertida e saudável, desde que a competição seja bem humorada e amigável e nos ajude a desenvolver nosso potencial. É gostoso tentar correr mais depressa, alcançar uma altura maior, acertar mais vezes, ter um desempenho melhor, ou simplesmente participar com entusiasmo de algo que seja novo, que nos leve a lugares diferentes, que nos mostre uma faceta de nós mesmos que nos era desconhecida. Até as crianças apreciam as competições. Seus filhos nunca apostaram quem é que cuspia mais longe? Ou quem arrotava mais alto? Se você tem filhos homens, sabe do que estou falando. Existe a competição real, e existe a competição oral. A real é quando um pai desafia outro pai para um duelo, e a oral, quando um filho diz para um outro garoto: "Meu pai é *mais grande* que o teu." Essas são todas competições divertidas e nada prejudiciais. Não vamos falar aqui das competições dolorosas que causam conflitos sérios, muitas vezes até entre pessoas de uma mesma família. Vamos falar de um tipo de competição que é muitíssimo comum, que a gente vê a toda hora e que quase ninguém percebe: a competição de sofrimento. Pense um pouco: Quando alguém lhe diz que está com dor de cabeça, o que é que você faz imediatamente? Arranja uma dor de cabeça maior que aquela, ou qualquer outra dor que possa ser superior à dor de cabeça de seu interlocutor. E comenta: "Ah, minha cabeça também está estourando." Ou se alguém diz: "Ah, que saudade do meu filho que está viajando," você imediatamente arranja alguém de quem sentir uma saudade muito maior. Se alguém diz: "Estou tão deprimido!" você responde: "Ah, mas não tanto quanto eu! Você não imagina o que me aconteceu..." E desfia sua história, sem perceber que a pessoa que se dirigiu a você em primeiro lugar estava procurando seu apoio, estava esperando que você a ouvisse. Mas você ouve? Que nada! Você só está interessado em falar sobre VOCÊ. Cuidado com as competições de sofrimento, que só indicam sua falta de interesse pelo sofrimento alheio. Comece a ser solidário. Você não é o centro do universo. Nem tudo gira em torno de sua pessoa. Eu sei que você gostaria que girasse, mas NÃO GIRA! Comece a tirar os olhos de seu próprio umbigo.

Atalho 57

O bálsamo divino.

Quando não pensamos nada, não pedimos nada, não ambicionamos nada, só fazemos um profundo silêncio interior, é então que os milagres acontecem: as respostas nos chegam, o verso se forma, a canção cria vida, a voz de Deus se faz ouvir — a voz de Deus no centro de nosso ser. A ansiedade, a súplica desesperada, o pranto angustiado nos fazem perder o equilíbrio, nos tiram de nosso centro, impedindo-nos de perceber que os braços divinos estão estendidos para nós, como os braços de um pai se estendem para o filho que está prestes a cair. Há momentos em que o sofrimento causado por uma perda pode parecer insuportável. E é. Mas são tantos os sobreviventes, que só nos resta acreditar que existe um bálsamo divino disponível no Universo.

Atalho 58

Não faça alarde.

Não faça alarde de seus bens materiais, para não parecer arrogante. Não faça alarde de sua pobreza, para não parecer que está pedindo esmolas. Não faça alarde de sua sabedoria, para não parecer soberbo. Não faça alarde de sua ignorância, para não parecer que está procurando elogios. Não faça alarde de sua sorte, para não parecer que se sente privilegiado. Não faça alarde de suas desgraças, para não parecer que o azar o persegue. Não faça alarde de sua inteligência, para não parecer que vive enganando a si mesmo. Não faça alarde de sua esperteza, para não parecer fraudulento.

Na verdade, o que você é não precisa ser anunciado, pois aparece em letreiros luminosos por todo o seu caminho.

Atalho 59

A primeira Lei dos Anjos.

Dizem que a primeira lei dos anjos é fazer tudo da melhor maneira possível. Isso significa dar o melhor de si. Significa executar suas tarefas com atenção, com cuidado, com boa vontade, com meticulosidade, com amor. Tudo o que fazemos é importante. Se for mudar uma coisa de lugar, mude-a para o melhor lugar possível. Se for arrumar sua cama, alise-a cuidadosamente. Se for ajudar uma pessoa, ajude-a da melhor maneira possível. Se for ler um livro, leia-o com o máximo de atenção. Se for conversar com uma pessoa, concentre-se na conversa, ouça o que ela tem a dizer. Se for comer alguma coisa, saboreie-a, sinta-se grato por aquele alimento. Se for fazer um embrulho, capriche, não embrulhe nada em jornal. Se for dar uma aula, prepare-se bem. Se for escolher um presente, escolha-o com carinho, pensando na pessoa que vai recebê-lo, não se decida pelas primeiras quinquilharias que encontrar pela frente. Siga à risca esta lição dos anjos: "Faça sempre o seu melhor." Garanto que não se arrependerá. Vai até começar a gostar muito mais de si mesmo.

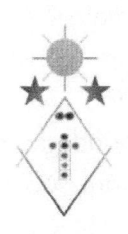

Atalho 60

E daí? Esta informação me leva a uma bondade maior?

A informação faz de mim uma pessoa melhor, mais amorosa, mais compreensiva, mais solidária? Edmundo Teixeira, o único mestre de carne e ossos que encontrei na vida e que me guiou nos passos do Quarto Caminho de Gurdjieff, costumava dizer: *Um ensinamento que não leva a uma bondade maior é inútil.* Ele também dizia que às vezes nos transformamos em "turistas espirituais," pulando de galho em galho (de curso em curso) apenas pela vaidade de acumularmos uma quantidade de ensinamentos que não passam do nível intelectual e que permanecem, portanto, completamente inúteis. O ensinamento que entra pela cabeça, mas não desce para o coração, não traz nenhum benefício.

Joel Goldsmith, um místico havaiano e grande curador, afirmava que os fenômenos paranormais não eram indicação de espiritualidade: eram apenas dons que algumas pessoas possuíam, e que, se usados com alarde, com autopropaganda, com vaidade, não levavam a lugar nenhum. Podemos até acompanhar o apóstolo Paulo, dizendo que a espiritualidade não é barulhenta, não se ensoberbece, não busca os seus interesses. Segundo os xamãs da antiguidade, *Não importa o que você vê, mas o que você faz com o que vê.* Existe uma perguntinha bem simples que podemos fazer sempre que formos expostos a algum tipo de informação nova: **E daí?** Isto me leva a uma bondade maior? A uma ternura maior? A uma solidariedade maior? A uma compreensão maior? A uma espiritualidade maior? Se não leva, é um conhecimento inútil em termos espirituais. A bondade, a ternura, a solidariedade, a compreensão nem sempre são aplicáveis apenas a outras pessoas. Muitas vezes, somos nós mesmos que necessitamos receber de nós essas manifestações de Amor. Portanto, o ensinamento que não faz com que ame a si mesmo, é inútil. É vão. Torne esta perguntinha mágica uma constante em sua vida: **E DAÍ?**

Bloco 4
(Atalhos 61 a 80)

61. A vida é a tela..., 67
62. Disponibilidade, 68
63. Existe um lugar dentro de nós, 69
64. As trevas são a ausência da luz, 70
65. Tudo o que fazemos afeta todo o Universo, 71
66. São os pés que fazem nossa ligação com a Terra, 72
67. É possível estudar o Sol..., 72
68. Não se apegue à "letra" das palavras, 73
69. O vocabulário do amor é sempre simples, 74
70. O espiritual não tem nome..., 75
71. Pecado é..., 76
72. O maior aliado da obediência é o medo, 77
73. A persuasão é ligada ao intelecto, 79
74. Não mexa com quem está satisfeito, 80
75. Aprenda a medir suas palavras. Literalmente, 81
76. Na medida em que me conheço..., 82
77. A depressão surge quando não atendemos ao Espírito, 83
78. Nada nos pertence, a não ser nós mesmos, 84
79. Pré-ocupação, 84
80. Uma coisa maravilhosa, 85

CAN

Atalho 61

"A vida é a tela, e também nos dá as tintas e o pincel. Pinte o paraíso e entre nele." **Nikos Kazantzadis (poeta e filósofo grego, 1883-1957).**

Este é um conselho bem famoso. E também muito verdadeiro. Por que será que, muitas vezes, achamos que a vida não é bela? Porque temos desejos que criam frustrações. O que é que desejamos? Em geral, tudo o que os outros têm. Nossa vida não nos serve: queremos o carrão que o vizinho tem, uma família como nosso amigo tem, aquela casa da esquina, o sucesso do Bill Gates, o cargo de nosso adversário, a vida sexual de um garanhão, a sabedoria de nosso guru, a espiritualidade de nossos mestres, o corpo de um manequim, as viagens daquele ricaço, o talento de um artista, os cabelos da Verônica Lake (alguém sabe quem foi ela?), o nariz da colega ao lado e assim por diante. Você quer alguma coisa que ninguém tem? Acho difícil. E, geralmente, quando quer alguma coisa que ninguém tem, é com o intuito de superar seus "adversários". Ninguém está satisfeito com o que é nem com o que tem. Somos nós, porém, que criamos nossa realidade. Somos nós que escolhemos as tintas para pintar nossa tela. A tela era branca, mas foi manchada pelas crenças que desenvolvemos desde nosso nascimento: a crença na dificuldade financeira, a crença nas doenças, a crença na solidão, a crença na exclusão, a crença na incapacidade. Vamos passar uma tinta branca em cima de tudo isso e começar de novo? Vamos pintar o paraíso e entrar nele. No paraíso existe otimismo, alegria, boa vontade. Não é muito melhor?

Atalho 62

Disponibilidade.

Este é um assunto muito sério, um dos meus preferidos. O Universo usa, em suas missões cósmicas, aqueles que estão disponíveis. O que significa estar disponível? Significa que você se considera livre para trabalhar, está aberto para servir da forma que for mais necessária, oferece-se como instrumento do divino, sem restrições, sem escolhas, sem exigências. Quando me foi dito que eu deveria ir à Grécia para buscar (ou acender, talvez?) a tocha olímpica espiritual, não tinha a menor ideia do que significava aquilo. Mas tomei um avião e fui – completamente às cegas. Quando percebi que o trabalho havia sido realizado e estava terminado, suspirei profundamente e, com muita alegria, exclamei: "Agora vou começar a ser turista, vou passear, fazer umas comprinhas, ver o museu de Atenas, enfim, curtir." No dia seguinte, já mais equilibrada, saí para uma excursão e, sendo uma das primeiras passageiras no ônibus ainda quase vazio, tive um momento de reflexão e perguntei: "Por que eu? Há tanta gente muito mais preparada do que eu, muito mais evoluída espiritualmente. Então, por que eu?" E a resposta veio tão clara que podia estar sendo pronunciada por alguém sentado à minha frente: "Apenas porque você estava disponível... (e após uma pequena pausa) e é da família." Percebi, imediatamente, que não nos encarregam de certos trabalhos espirituais por sermos melhores, mais preparados, mas PORQUE ESTAMOS DISPONÍVEIS! Ter uma ligação familiar de outra vida na Grécia de nada teria adiantado se eu não me tivesse disponibilizado para o trabalho. Eu estava disponível física e espiritualmente. Isso era o mais importante. E você? Faz de sua vida espiritual uma prioridade? Está aberto e disponível para o universo? Se está, prepare-se para grandes aventuras!

Atalho 63

Existe um lugar dentro de nós onde permanecemos tranquilos, onde nada nos pode perturbar. Só da pureza nascerá a liberdade.

Precisamos procurar dentro de nós o mar da tranquilidade, um lugar aquém e além de todas as perturbações, de todas as influências, de todas as dúvidas, de todas as indagações, de todas as expectativas, onde existe uma perfeita candura, uma perfeita inocência, uma perfeita mansidão, um perfeito amor. Nesse lugar, nós simplesmente *somos*. É aí que acontece a verdadeira meditação, o verdadeiro recolhimento, a total entrega, o conhecimento intrínseco. Podemos chamar esse lugar de *nível zero*. Ele é o nada que tudo contém. Ele é o vazio repleno, a plenitude dentro do hiato. Quanto mais nos aprofundamos dentro de nós mesmos, mais nos aproximamos desse nível zero, desse Shangri-la sagrado. O nível zero abriga a candura original, a pureza original, única raiz da liberdade do espírito. Você já intuiu essa candura? Já percebeu que, bem lá no fundo, você se sente ligado aos outros seres, sabe que existe uma cumplicidade, uma solidariedade, só que não consegue transferir essa percepção para os outros níveis de seu ser? É por esse motivo que o silêncio é muito importante, porque é só no silêncio que você consegue atingir o nível zero, consegue não pensar nada, não sentir nada, não articular nada – apenas *ser* – maravilhosamente puro.

Atalho 64

As trevas são a ausência da Luz.

O que é a noite, senão a ausência do Sol? O mal, a ausência do amor? Se você entra num quarto escuro, basta acender um fósforo para dissipar a escuridão. Uma pequenina chama é suficiente para que você comece a enxergar. Quantas vezes na vida nos sentimos envolvidos pelas trevas! Parece que jamais conseguiremos nos libertar delas. Não vemos nenhuma porta, não vislumbramos nenhuma abertura para a liberdade, e a escuridão se torna tão densa que sentimos seu peso de uma forma quase física. São as trevas da ignorância, são as trevas da decepção, são as trevas da arrogância, são as trevas da dúvida, são as trevas do desastre econômico, são as trevas da solidão, são as trevas da doença? Não importa. Treva é treva, escuridão é escuridão. É impossível qualificar ou quantificar os males que afligem o ser humano. Seu sofrimento é maior que o meu? Ora, só que o meu é meu, sou eu que o estou sentindo, só eu posso saber qual o seu peso. Que alívio para você que ele também não seja seu, porque lhe bastam os que já tem. Só que em meio a tudo isso, de repente uma palavra, de repente um sorriso, de repente uma esperança, de repente um sonho, de repente uma percepção inesperada fazem o papel daquele palito de fósforo que acendemos no meio do quarto escuro. Ah, ainda existe luz, ainda existe claridade, ainda existe o Sol! Como é maravilhosa a visão da luz! Mesmo que essa visão seja apenas um fiapo.

Atalho 65

Tudo o que fazemos afeta todo o Universo.

Um gesto de amor, um sorriso, uma canção, o badalar de um sino, mãos estendidas para uma criança, uma oração, um desejo de promover a paz, um oferecimento ao universo, um abraço, mãos abençoando corpos doentes, palavras de compreensão, de solidariedade. Mas também o rancor, a inveja, o julgamento, a indiferença, um insulto, um olhar duro, uma criança maltratada, uma planta pisada, um animal abandonado e tantas outras manifestações de desamor **afetam todo o Universo**. Ninguém é apenas uma ilha. Toda ilha faz parte de um oceano, de um rio, de um arquipélago. Cada um de nós está inserido na totalidade do cosmo, na totalidade de Deus. Somos parte do Todo, somos parte de Tudo que É. A energia emanada pelo amor, mas também pelo desamor, espalha-se em ondas por todos os mundos, por todas as estrelas, por todas as galáxias. Você é muito mais importante do que pensa. Tem muito mais força, muito mais poder do que imagina. Não desperdice sua vida com picuinhas, não desperdice sua vida com rancores, não desperdice sua vida com invejas, não desperdice sua vida com vinganças, não desperdice sua vida com pequenices, porque são as ondas de energia emanadas por essas atitudes e sentimentos que criam o caos em que estamos vivendo neste mundo, que criam as guerras, que criam a miséria, que trazem a fome. O mundo ainda não foi destruído porque existe a energia do amor sendo gerada por pessoas de boa vontade, e essa energia está contrabalançando a energia da discórdia e do ódio, conseguindo ainda manter um equilíbrio entre o amor e o desamor. Mas... por quanto tempo?

Atalho 66

São os pés que fazem nossa ligação com a Terra.

Nossos pés são como raízes móveis, conectadas à Fonte, à seiva da Mãe-Terra. A Terra não nos nutre apenas daquilo que produz, mas também da energia que faz brotar de suas profundezas. As raízes de nossos pés penetram no solo, que é o corpo da Terra, juntam-se a outras raízes, enroscam-se nos minerais, misturam-se às criaturas subterrâneas, sentem que, para a Terra, as pedras são como os ossos para nós, percebem que a água é o próprio sangue circulando por seu corpo. Por isso é importante caminharmos descalços na terra, na areia, à beira dos rios e dos mares, dentro das cachoeiras, na relva dos campos e caminhos. Quando caminhar, veja raízes saindo de seus pés e descendo pela terra, seguindo essa trajetória rumo ao núcleo. Sinta sua ligação com a Fonte, sinta a energia e o vigor que emanam do centro do Planeta.

Atalho 67

É possível estudar o Sol, a Lua. Mas o homem tem tudo dentro de si: o Sol, a Lua, Deus. Somos toda a vida em sua totalidade.

Cada um de nós é um uni-verso: o Uno que se manifesta no (di)verso, o Macrocosmo que se manifesta no microcosmo, o Divino que se manifesta no humano. A natureza do todo é a natureza das partes. Temos tudo dentro de nós: o Sol, a Lua, as estrelas, o Infinito, Deus. Não são os nossos átomos semelhantes a sistemas solares infinitesimais? Temos dentro de nós possibilidades ilimitadas, que a ciência vai pouco a pouco desvendando. O homem se maravilha olhando para o céu estrelado, sentindo-se pequeno diante daquela imensidão, deslumbrado pela quantidade de luzes que pontilham a abóbada celeste. Não deveria também maravilhar-se diante dos nêutrons e elétrons que constituem os núcleos atômicos de seu corpo, os prótons que os cercam, os agrupamentos de átomos que formam as moléculas? E isso só para começo de conversa! Temos galáxias infinitas dentro de nós. E temos também o poder divino da procriação. É maravilhoso olharmos para o Sol, para a Lua, para o céu estrelado, mas não é também maravilhoso olharmos para uma mulher grávida, para um bebê recém-nascido, para uma criança que começa a andar, a pronunciar suas primeiras palavras? Quando meus filhos eram bebês, eu passava muito tempo olhando para eles e imaginando quais seriam seus primeiros raciocínios, como sua mente iria trabalhar, no que era que eles iriam pensar, o que é que estavam trazendo para a vida. Somos tão incrivelmente fantásticos que deveríamos ter muito respeito por nosso corpo e por nossa mente. Você já pensou nisso? Está ensinando esse respeito a seus filhos? Comece a mudar (ou moldar) o mundo – já!

Atalho 68

Não se apegue à "letra" das palavras. Sinta-as em seu coração. Não crie barreiras com suas palavras. Não feche fronteiras.

As barreiras em geral são criadas pelos pré-conceitos, pelas ideias transmitidas por palavras que se transformam em leis. Nossos olhos olham diretamente para frente, focalizando apenas o óbvio, sem perceber os contornos, as nuances, as cores variadas, sem perceber o que está embaixo e o que está em cima, o que está dentro e o que está fora. Temos uma uni-

-visão e nos esquecemos de que todas as coisas podem ser observadas e consideradas de ângulos variados. As palavras são ricas, não podemos diminuí-las nem tirar-lhes o valor. É como a parábola do talento escondido: se não multiplicarmos o valor daquilo que nos é dado, até o que temos nos será tirado. O mesmo acontece com as palavras: limitando-as a um amontoado de letras com um sentido único, com um significado restrito, perdemos a riqueza que nos é oferecida. O significado literal das palavras cria barreiras que às vezes se tornam intransponíveis, roubando-nos a oportunidade de enxergar o mundo maravilhoso que existe nelas. Tomando a expressão "obediência a Deus" em seu sentido literal, vamos achar que devemos obediência a um ser que nos domina, que recompensa e pune, que impõe sua vontade sem considerar circunstâncias, sem nos deixar espaço para descobertas, para a experiência de buscar o coração. Mas se considerarmos esse "Deus" como o divino em nós, nosso centro, nossa conexão interior com o universo, então, a esse Deus nós devemos obediência, porque ele é a manifestação de nosso próprio ser, de nosso próprio coração, de nossa busca espiritual. Abra suas fronteiras. Não construa, com palavras, barreiras impossíveis de transpor.

Atalho 69

O vocabulário do amor é sempre simples.

Fuja de tudo que for complicado, de tudo que utilizar palavras rebuscadas, de tudo que não descer diretamente para seu coração. Ninguém precisa de mil palavras para expressar amor. Ninguém precisa de um dicionário para entender a verdade, se essa verdade estiver fundamentada no amor. A complicação indica manipulação; o rebuscado, orgulho ou vaidade. Seja simples, use a língua pura dos anjos em suas mensagens espirituais. Que seu coração seja como o de uma criança: sem artifícios, sem dissimulações, sem armadilhas. Nunca diga nada com segundas intenções. Seja direto, seja verdadeiro, seja amoroso. Quando falar, dirija-se a todos e não apenas a seus "prediletos". A complicação causa indigestão, cansa, aborrece, faz perder o interesse. Serve apenas para quem está querendo alimentar o intelecto. Quando falar com alguém que esteja tateando no caminho espiritual, não use palavras que pertençam ao vocabulário de quem já fez uma longa caminhada. Fale para a pessoa e não para si mesmo. Não queira parecer espiritual, instruído, avançado, caridoso, inteligente; não faça aquela cara de quem está a par de "segredos" só revelados aos eleitos, não assuma ares de mistério. A linguagem do amor é sempre simples, e se você não a conhece, é melhor ficar de boca fechada.

Atalho 70

O espiritual não tem nome, porque não segue as leis humanas. Compreender não é rotular.

O ser humano tem a mania de rotular tudo o que vê. Todas as coisas precisam de um nome, de uma identificação. "O que você é? Qual o nome do curso que você dá? Como é que se chama este prato?" Tudo precisa de um nome, de um título. Se não tiver nome, não pode existir, ou, pelo menos, não deve ter valor. Respostas: Eu Sou o que sou espontaneamente. Ensino o que sinto e vivencio. Os pratos que invento são só comida gostosa. É preciso mais que isso? Jesus chamava o Pai de "O Sem Nome" (ver *De Mémoire dÉssenien*, de Anne e Daniel Meurois, 1987, Éditions ARISTA). Não é instrutivo e lindo? O que é verdadeiramente espiritual não tem nome, porque não segue as regras humanas. Se você precisa de um rótulo para entender o caminho espiritual, alguma coisa está errada: você está seguindo as leis humanas. É por esse motivo que existem tantas denominações religiosas, tantos *ismos* neste mundo. Tudo precisa ser catalogado, tudo precisa ser colocado em um compartimento rotulado. Aí, então, nós vamos lá, abrimos uma gavetinha e saímos satisfeitos porque conseguimos por as mãos em um pacote com um nome que satisfaz nossa necessidade de rotular para entender. Quantos *ismos* controlam sua vida?

Atalho 71

Pecado é...

Lembre-se sempre de que a quantidade não tem nenhum significado. Não precisamos de muitos amigos, como não precisamos de muito dinheiro, não precisamos de muitos diplomas, não precisamos de muitas roupas, não precisamos de muita comida, não precisamos de muitos mestres, não precisamos de muitos seguidores, não precisamos de grandes grupos, não precisamos de muitos cursos espirituais, não precisamos de muitos ensinamentos, não precisamos de muitos carros, não precisamos de muitas casas, não precisamos de mil pares de sapatos, não precisamos de nada que seja supérfluo. O que é essencial em sua vida? Um grande amigo, dinheiro para viver uma vida simples, um diploma para agradar à sociedade, roupas para poder circular por aí, comida balanceada e saudável, um bom mestre que saiba indicar Atalhos, alguém a quem transmitir nossa experiência de vida, um pequeno grupo de pessoas com quem trabalhar a espiritualidade e compartilhar nossa energia, um lugarzinho para morar, um veículo de duas, três ou quatro rodas para circularmos por lugares mais distantes, umas sandálias, sei lá! Do que é que você realmente precisa para transformar-se em um ser integral, para viver uma vida digna, que dê frutos, que contribua para o bem geral, que espalhe sorrisos, que distribua bênçãos, que não seja desperdiçada com coisas supérfluas? Nunca vou me esquecer do choque que levei quando, pela primeira vez, ouvi meu mestre dizer que *pecado é tudo que é supérfluo, aquilo que não é necessário*. Entendeu bem? *Pecado é tudo que é supérfluo*. Você também está chocado? Se disser que não está, não vou acreditar...

Atalho 72

O maior aliado da obediência é o medo. E o medo é o oposto do amor.

Quem disse que o oposto do amor é o ódio? Nada disso! O oposto do amor é o medo, que tem como maior aliado a obediência cega. A obediência sempre foi considerada uma qualidade. Olhem que criança obediente! Vejam que aluno obediente! Obediência é submissão à vontade de alguém. Mais uma vez, ao sermos submissos, estamos cedendo nosso poder a uma terceira pessoa. Precisamos fazer as coisas por nós mesmos, com plena consciência de nossa própria vontade, por decisão unicamente nossa, por escolha nossa, obedecendo à voz de nosso próprio coração. Uma vez ouvi a mãe de umas crianças rezando com elas antes de dormir. No meio da oração, que as crianças iam repetindo em voz alta, ouvi, estarrecida, as seguintes palavras: "Livrai--nos do fogo do inferno." Acredito que aquelas crianças cresçam muito obedientes – mortas de medo! É claro que as crianças precisam de orientação, mas não de imposição, seja ela de que tipo for. E muito menos de ameaças, como o fogo do inferno! Existe também o medo por meio de chantagem emocional. Ficamos com medo de magoar a outra pessoa e nos submetemos a ela. Muitas vezes sofremos a ameaça de perder o céu, ou a salvação. E fazemos tudo direitinho, de acordo com os ditames de líderes religiosos, por medo de perder o "reino celestial". Certa vez presenciei uma cena inacreditável: vi uma criança de 4 anos, um menino loirinho de cabelos encaracolados, aproximar-se do líder mundial de uma igreja para dar-lhe um abraço. Estarrecida também neste caso, vi aquele homem ignorar o abraço e dizer, do alto de sua pseudoautoridade: "Por que não cortam o cabelo desse menino?" Ignorância? Manipulação? Abuso de poder? É preciso ter muito cuidado para não baixar a cabeça diante de homens que se arvoram em deuses. Porque o amor não impõe, ele só ajuda o outro a encontrar seu próprio caminho, a ouvir seu próprio coração. Do que é que você tem medo? O que é que o leva à obediência cega? NADA, espero eu.

Atalho 73

A persuasão é ligada ao intelecto. A compreensão, à própria Essência.

Somos persuadidos através do intelecto. Tudo que requer explicações detalhadas, que precisa responder a muitas perguntas, que pede descrições minuciosas, serve apenas ao intelecto, à mente, e resulta em um conhecimento teórico. Quando precisamos ser convencidos de alguma coisa, é porque algo está errado, é porque nosso coração não sentiu a presença da verdade. E quanto mais tentam nos persuadir, mais difícil fica nossa aceitação. Quando alguém lhe disser que alguma coisa espiritual foi provada, fique atento: o espiritual não precisa (nem pode) ser provado, só precisa ser sentido. Agora, quando algo toca sua Essência, aí então você compreende, quase sem precisar de explicações. Você sabe, e esse saber é mais profundo do que qualquer lógica, do que qualquer conhecimento intelectivo. Quando isso acontece, seu coração se abre, a verdade se descortina diante de seus olhos espirituais e você compreende sem que ninguém precise convencê-lo. E você? Também gosta de impingir aos outros sua verdade? Tenta convencer as pessoas daquilo em que acredita? Gosta de fazer proselitismo? Nunca procure persuadir ninguém de nada. Apenas olhe a outra pessoa nos olhos e diga-lhe o que tem no coração – e isso, se ela estiver interessada.

Atalho 74

Não mexa com quem está satisfeito.

Você está numa busca espiritual, está tentando encontrar a verdade, está certo de que o caminho que escolheu é o melhor que existe? Há muita gente fazendo a mesma coisa. Não coloque minhocas na cabeça de quem está satisfeito. Se uma pessoa está gritando Aleluia, tem sempre um sorriso estampado no rosto, não reclama de nada, acha que encontrou a salvação, por que você quer mostrar que ela está errada? Não mexa com quem está satisfeito, pois pode ser perigoso. Você pode causar um trauma, deixar a pessoa infeliz, confundi-la de tal forma que nunca mais ela se encontre. Cada um tem sua hora, cada um tem seu caminho, cada um tem necessidades diferentes, cada um tem um nível diferente de percepção espiritual. Se encontrar um católico, ou um espírita, ou um crente, ou um budista praticante e convicto, você não tem o direito de tentar tirá-lo do caminho que escolheu, porque, se dentro da pessoa existir um anseio maior, de repente ela irá despertar para esse anseio. O momento está marcado dentro dela, não depende de você. Não é você quem vai decidir, arrogantemente, que aquele é o momento, que você é o instrumento escolhido para guiá-la. E, se esse for o caso, as coisas acontecerão naturalmente, sem que você force a barra.

Atalho 75

Aprenda a medir suas palavras. Literalmente.

Quando começamos a falar, é imprescindível sabermos quando calar. Todos os nossos discursos, todas as nossas dissertações, todas as nossas explanações precisam ter um começo, um meio e um fim. O começo é a apresentação do tema, o meio é o desenvolvimento do tema, e o fim, sua conclusão. Só que é muito comum nos entusiasmarmos tanto com o que estamos dizendo, com o som de nossa própria voz, que começamos a repetir e repetir as mesmas coisas, interminavelmente, na ilusão de que, quanto mais falarmos, maior será nosso poder de persuasão. Ah, santa ingenuidade! Minha tia costumava dizer que devemos sair da mesa ainda com um pouquinho de fome e nunca enfastiados. Só que é muito difícil nos controlarmos e sabermos quando é hora de parar. Esquecemos de que nosso ouvinte pode estar começando a ficar cansado, a perder o interesse, a desejar ardentemente que paremos de falar ou que, pelo menos, mudemos de assunto. A pessoa precisa de um tempo para digerir o que está ouvindo, não podemos despejar tudo em cima dela de uma vez. Cuidado para não provocar uma indigestão. Meça suas palavras – tanto no comprimento quanto na quantidade. Você já ouviu falar em *logorreia*?

Atalho 76

Na medida em que me conheço e compreendo, passo a conhecer e compreender os outros.

É muito fácil apontar falhas alheias – o difícil é reconhecer as próprias. Mas também às vezes é mais fácil compreender as falhas alheias do que compreender as nossas. Estamos constantemente julgando as pessoas. Julgo porque não percebo que faço as mesmas coisas, talvez com outras roupagens, mas as mesmas coisas. É difícil alguém se observar, perceber suas tendências, impulsos, limitações. Você se conhece? Tem consciência de suas reações habituais? Sabe quando está sendo injusto, intolerante, egoísta? Sabe também quando seu coração está limpo, aberto, solidário? E como é que se qualifica diante do quadro que vê? É muito duro consigo mesmo? Ou é muito permissivo? Se for honesto na observação que faz de si mesmo, perceberá que os defeitos ou as falhas que encontra nos outros são mais ou menos as mesmas que encontra em você. E quando passa a se conhecer, fica muito mais fácil conhecer os que o cercam, ou mesmo o ser humano de um modo geral. E isso facilita muito a compreensão dos "pecados" alheios, porque eles são os mesmos que você comete. E a mesma boa vontade que usará para julgar a si mesmo, aplicará no momento de julgar seu próximo. Aliás, gosto muito mais do termo "semelhantes" do que "próximo", porque, mesmo que não estejamos muito *próximos* uns dos outros, somos muito *semelhantes*!

Atalho 77

A depressão surge quando não atendemos ao Espírito.

Nosso espírito tem necessidades intrínsecas. Nós viemos para este mundo com um propósito e nosso espírito sabe qual é esse propósito. Só que na correria da vida nós nos concentramos na sobrevivência material, na educação acadêmica, nos prazeres do mundo, e deixamos nosso traçado de vida espiritual para a época da aposentadoria. Podemos dizer que oferecemos ao sagrado nosso reumatismo, nosso cansaço, nossa rabugice. O espírito, porém, grita por atenção. Mas nós não temos tempo, o cotidiano ocupa nossa mente, nosso corpo, cada minuto de nossa vidinha (ou de nossa vidona!). E quando o espírito grita e nós o ignoramos, ele sofre, e muitas vezes esse sofrimento se manifesta em nossa vida na forma de depressão. Aí nós culpamos as dificuldades, a falta de dinheiro, a solidão, as perdas, os relacionamentos difíceis, quando, na verdade, o problema está mais no fundo, está mais para dentro: é o espírito avisando que nosso traçado de vida está indo para o beleléu, que a verdadeira missão de nossa vida está sendo sufocada ou esquecida, e é isso que está causando nossa depressão. Precisamos buscar um equilíbrio, de modo que nossas necessidades espirituais sejam atendidas, que não nos esqueçamos da tarefa que nos propusemos a cumprir ao virmos para este mundo. Você sabe qual é sua missão? Só vai saber se realmente o desejar, buscando dentro de si, lá no nível zero de seu ser.

Atalho 78

Nada nos pertence. A única coisa que pertence ao homem é ele próprio.

Nascemos peladinhos, proprietários apenas de nós mesmos. Tudo o mais nos vai sendo acrescentado por empréstimo e tem duração duvidosa. Sofremos influências externas, que vamos agregando a nossa vida emocional, intelectual, física. Mais tarde talvez consigamos fazer uma triagem, mas não será fácil. E então passamos a considerar como nossos os pensamentos, os hábitos, as ideias, o conhecimento intelectual, a roupagem de que nos revestimos no decorrer de nossa existência. Você já ficou deitado na grama, numa noite estrelada, imaginando quem você realmente é? Ou o quê você realmente é? De onde você vem? Para onde vai voltar? É nesses momentos que percebemos que, em certo sentido, somos seres isolados, proprietários apenas de nós mesmos, pois não podemos carregar conosco as pessoas que amamos, as coisas que apreciamos, o que nos dá prazer físico, nossas mordomias, nossos privilégios, nossos bens. A única coisa que é nossa é aquilo que somos, porque vamos deixar o planeta tão peladinhos, fisicamente, quanto viemos. O *ter* é passageiro – o *ser* é imortal.

Atalho 79

Pré-ocupação.

Passamos a maior parte de nossa vida ocupando-nos previamente de algo que, em geral, nem chega a acontecer. Muitas vezes nos esquecemos do presente e ficamos vivendo no futuro, concentrados naquilo que tememos. Uma vez eu estava preocupada com os estudos de um de meus filhos, quando um amigo me disse: "Daqui a cem anos, ninguém vai saber que ele existiu... Pare de se preocupar." Fiquei meio chocada, mas depois entendi a "filosofia" dele. Quando vi, pela primeira vez, a palavra preocupação dividida em duas, foi uma iluminação! Pré-ocupação. Estou falando dessa preocupação que nos rouba o sossego, que empana nossa felicidade, que nos desgasta, que nos tira do presente e nos faz viver na antecipação de coisas negativas. Não estou falando de planejamento. O planejamento é uma coisa diferente, é uma coisa concreta, dirigida a uma meta de vida, a um sonho a ser realizado. Quando, por exemplo, quero dar um jantar para amigos, planejo o cardápio, planejo as compras, planejo a decoração, planejo a lista de convidados, mas não me preocupo pensando se vai dar certo, se não vou queimar a comida, se alguém não vai aparecer. Porque, quase sempre, a comida fica ótima, todo mundo aparece, todos se divertem, e eu me sinto muito feliz. Planejei, mas não me preocupei com o resultado. E dá tudo certo, sem estresse. Também, se a comida queimar, se alguém não aparecer, posso sempre recorrer à improvisação. E assim, nunca deixo de me divertir. Se você acha que não pode divertir-se com o que vai fazer, não faça! Esqueça, deixe para lá. Não vale a pena.

Atalho 80

Uma coisa maravilhosa.

Todas as manhãs, ao acordar, diga, do fundo de sua alma e com o maior entusiasmo: "UMA COISA MARAVILHOSA ESTÁ PARA ACONTECER NA MINHA VIDA!" Repita isso várias vezes ao dia, sempre com muita intensidade e com muita alegria.

Bloco 5
(Atalhos 81 a 100)

81. O rabo do cachorro, 87
82. A indiferença é o maior perigo, 88
83. É da natureza do homem realizar seus sonhos, 89
84. Pedir ou perguntar durante três dias, 90
85. Existe o tempo de dar e existe o tempo de receber, 90
86. O que você faz gruda em você, 91
87. Nunca diga: "Não sou digno", 92
88. Perdão, tolerância, 93
89. A duração do sentimento de culpa, 94
90. O Amor é a cola do Universo, 95
91. A tocha espiritual, 96
92. Inocência, 96
93. O amor desce em cascata, 97
94. O maior precisa compreender o menor, 98
95. Irritação, 99
96. Não discuta sobre quem está certo ou errado, 100
97. Paz não é submissão, 101
98. Escutar com o ouvido espiritual, 102
99. Inspiração, 103
100. A linguagem é o simbolismo..., 104

HO

Atalho 81

O rabo do cachorro.

Era uma vez um menino que ganhou um cachorro. A mãe comentou: "Precisamos cortar o rabo do cachorro..." No dia seguinte, para surpresa geral, o rabo do cachorro havia encurtado alguns centímetros. "O que aconteceu com o rabo do cachorro?" perguntou a mãe, horrorizada. "Ué, você não disse que precisava cortar o rabo do cachorro? É melhor ir cortando devagarzinho para não doer muito!" Às vezes, é isso que fazemos em nossa vida: precisamos eliminar alguma coisa, parar de agir de certa maneira, romper com algo que está atrapalhando nosso desenvolvimento. E o que acontece? Em vez de tomarmos uma decisão definitiva e corajosa, ficamos adiando ou, pior ainda, vamos "cortando o rabo do cachorro" aos pouquinhos, na esperança de que doa menos. Com isso, muitas vezes prejudicamos outras pessoas, achando que as estamos poupando, quando, na verdade, estamos apenas atrasando a vida delas. É doloroso cortar o rabo do cachorro? Ora, crie coragem, abandone o hábito que atrapalha sua vida, termine o relacionamento que se arrasta e que já não faz sentido, elimine a preguiça, pare de comer o que não lhe convém, diga não às drogas, use camisinha, estenda a mão a quem precisa, seja firme, decidido. Acorde, não desperdice sua vida. Corte o rabo do cachorro de uma vez!

Atalho 82

A indiferença é o maior perigo.

Quando você não dá a mínima para alguma coisa, significa que não a considera importante. E não costumamos investir no que nos é indiferente. Se encontrar uma pessoa que discorde de você, ótimo! Significa que o que você pensa é, para ela, digno de consideração. Se ela discutir com você, disser que está completamente errado, ah, fantástico! Você captou sua atenção: ela não é indiferente. Mas, e você? No que é que está interessado? E o que lhe é indiferente? Porque a indiferença é o maior perigo. Quando há somente indiferença, é impossível aprender, é impossível apreender, é impossível despertar. Você já sentiu vontade de sacudir uma pessoa para tirá-la de sua pasmaceira, de sua apatia? Ah, eu já! Quantas vezes senti desejo de abrir a cabeça de alguém para colocar dentro dela tudo que eu queria! Que vergonha, não é? Não sei como é que eu podia ter esse desejo. Mas tinha. É que a inércia espiritual me exaspera. Muitas vezes encontrei pessoas que tinham convicções religiosas arraigadas, totalmente contrárias a tudo em que eu acreditava, mas elas me entusiasmavam, pois percebia seu grande potencial espiritual, sua grande luz prestes a acender e iluminar o mundo. E embora muitas vezes elas parecessem estar completamente fechadas a qualquer coisa diferente daquilo que haviam abraçado, no momento em que eu olhava para elas, refletindo em meu olhar a luz que via nelas, barreiras que pareciam intransponíveis começavam a ruir... com resultados maravilhosos! Sempre há esperança, quando não existe indiferença.

Atalho 83

É da natureza do homem realizar seus sonhos. Focalização.

Se você tem um sonho, concentre-se nele! Muitas vezes temos uma infinidade de sonhos, que perambulam sem rumo por nossa vida e nunca chegam à realização. O que está faltando? Quando temos muitas coisas diferentes em nosso pensamento, é difícil nos concentrarmos em qualquer delas. E aí elas se perdem, esmorecem, simplesmente porque nos falta a capacidade de focalizar-nos no que realmente desejamos. A energia flui para onde está a atenção. O sonho não pode ser vago, confuso, difuso, informe, do tipo "o que é mesmo que eu queria?" Libere o passado, com suas mágoas, decepções, tristezas. Tome consciência do presente, que é a única verdade atual, e comece a sonhar o futuro. Tome o seu sonho maior e construa-o, peça por peça, linha por linha, figura por figura, paisagem por paisagem, alegria por alegria, canto por canto, riso por riso, lágrima por lágrima, êxtase por êxtase, até que ele se faça uma grande verdade dentro de você e resplandeça na materialidade. Construa-o dentro do seu desejo, e verá a maravilha de sua realização. Mantenha o foco, viva-o dentro, e ele se manifestará fora, porque é da natureza do homem realizar seus sonhos! Corra atrás dos seus.

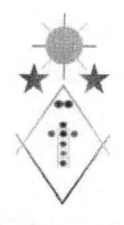

Atalho 84

Pedir ou perguntar durante três dias.

Sempre que tenho uma dúvida no terreno espiritual, passo três dias tentando captar a solução. Ao fim de três dias, realmente concentrada na questão, é quase certa a revelação da resposta. Quando desejamos um esclarecimento, precisamos nos dedicar à busca, não no sentido intelectual, mas no sentido de nos concentrarmos no desejo de captar a resposta. O desejo profundo, intenso, é sempre o primeiro passo. Esse desejo, porém, deve limitar-se à certeza de uma solução, nunca a tendências que porventura guiem nossos pensamentos. Também é preciso deixar que a resposta ou solução flua sem interferências, especialmente a interferência de nossos próprios desejos. É tão bom, não é, quando uma resposta combina com aquilo que nós achamos, ou pensamos, ou necessitamos? Por isso é preciso ter muito cuidado para não influenciá-la, para não manipulá-la. Venha essa resposta de dentro de nós, do cosmo, da Mais Alta Luz, ela deve chegar clara e límpida, pura, incontaminada. Só assim vai valer a pena. Pergunte, e tenha a coragem de ouvir a resposta.

Atalho 85

Existe o tempo de dar e existe o tempo de receber.

Dar e receber são duas faces da mesma moeda. Por que será, então, que muitas vezes nos sentimos constrangidos ao recebermos ajuda, sendo que não nos sentimos constrangidos em ajudar? Segundo a visão pseudocristã de nossa sociedade, o ato de dar indica generosidade, desapego, amor ao próximo. E, na verdade, geralmente indica mesmo tudo isso. Portanto, sentimo-nos ótimos quando ajudamos alguém. Por que será, então, que muitas vezes nos revestimos de orgulho (achando que isso é uma grande qualidade), e até ficamos ofendidos quando alguém se propõe a ajudar-nos? Na verdade, as pessoas são apenas administradoras das coisas que "possuem". E os verdadeiros doadores sentem isso, sabem que nada é seu por direito: apenas sua integridade, sua boa vontade, seu amor. Saiba receber com dignidade quando realmente necessitar de ajuda, sem se sentir inferiorizado, diminuído, humilhado. Se a situação fosse contrária, você não faria a mesma coisa? Não tire do outro a oportunidade de doar. A doação espontânea e feliz traz equilíbrio ao universo, estabelecendo um saudável sistema de trocas.

Atalho 86

O que você faz gruda em você.

Quando um de meus filhos me telefonou certo dia, contando que lhe haviam feito uma proposta tentadora, de seriedade um pouco duvidosa, embora, nas palavras dele, "todo mundo faz isso", eu perguntei: "Você quer minha opinião? Só posso lhe dizer uma coisa: **O que você faz fica grudado em você. Para sempre.**" E é verdade: nós nunca nos livramos daquilo que fazemos, pois nossos atos nos vão transformando pouco a pouco. É impossível fazer alguma coisa e depois descartá-la ou ignorá-la como se nunca tivesse acontecido. Nossos atos tornam-se parte de nós. E isso vale não só para o que é malfeito, mas também para o que é bem feito. Que alívio, hein? Nós temos a tendência de pensar apenas nos aspectos negativos da vida e, muitas vezes, esquecemo-nos de que existem coisas boas, de que nós também fazemos coisas boas, e que essas coisas positivas também ficam grudadas em nós. Para sempre. Como dizem os cabalistas, "pense somente coisas boas, diga somente coisas boas, faça somente coisas boas".

Atalho 87

Nunca diga: "Eu não sou digno".

Crescemos em uma sociedade dominada pela religião, na qual o sentimento de culpa tem lugar predominante. A culpa nos mantém prisioneiros de sistemas de crenças, de dogmas, de interpretações literais de escrituras, de pessoas que afirmam ter as chaves do perdão. E, diante do peso da culpa, sentimo-nos indignos das bênçãos do Altíssimo, das bênçãos da vida, das bênçãos do universo. Passamos, então, a pensar que não merecemos as coisas boas que cruzam nosso caminho. E quando enfrentamos uma situação desagradável, imediatamente "sabemos" que aquilo era a única coisa que podia acontecer. "Não sou digno" é o primeiro pensamento que nos ocorre. Pior ainda, entretanto, é fazermos esse raciocínio em relação a nossos semelhantes, achando que o fato de haverem sofrido algum revés indica claramente que fizeram alguma coisa errada. Errada, naturalmente, de acordo com nossa noção de pecado. "O que será que ela fez para merecer tal castigo?" Não cometa esse engano, não caia no buraco negro do julgamento, porque ele sugará todas as suas oportunidades de desenvolvimento espiritual. E por falar em pecado, você sabe que pecar significa "errar o alvo?" Como vê, não é uma coisa tão terrível assim... Quantas vezes na vida você erra o alvo?

Atalho 88

Perdão, tolerância.

Embora esses termos sejam exaustivamente usados nas mensagens espirituais, sempre me dão a sensação de que carregam certa dose de orgulho, de superioridade, de arrogância por parte daqueles que se arvoram em perdoadores e tolerantes. Se alguém me disser que me perdoa de alguma coisa, tenho certeza de que vou ficar profundamente irritada. Até mesmo nos filmes, quando um marido ou uma mulher ofendida diz ao outro que o perdoa, a reação da pessoa supostamente "perdoada" é de extrema raiva e revolta. O famoso perdão e a famosa tolerância têm uma conotação de superioridade, de condescendência, uma implicação de que "eu sou melhor do que você." Existe uma expressão inglesa, *holier than thou* (mais santo que você), que é usada em relação às pessoas que sofrem de orgulho espiritual, achando que são melhores do que as outras porque vão à igreja todos os domingos, pagam dízimos e ofertas, seguem seus pastores cegamente, não tomam o nome do Senhor em vão, são extremamente recatadas etc. Cuidado! Não entre para esse exército. Entre para o exército das pessoas que compreendem as falhas alheias porque sabem que elas também têm as suas, sabem que estamos todos no mesmo barco – todos aprendendo, buscando a transformação interior, caindo e levantando a toda hora, mas sempre com o coração cheio de coragem e esperança.

Atalho 89

A duração do sentimento de culpa.

Ouço muita gente dizer: "Ah, sinto-me tão culpado pelo que fiz!" e fico imaginando por quanto tempo a pessoa vai carregar o peso daquela culpa. O sentimento de culpa não leva a nada, a não ser a uma autojustificativa. Eu me sinto culpado? Ah, ótimo, então estou redimido – pelo menos perante mim mesmo. Mas, e se a situação se repetir? De que modo vou agir? Da mesma forma? Ou será que a culpa inicial deu lugar a uma transformação interior (e também exterior), que me impedirá de cometer o mesmo erro? Não existe redenção sem transformação. Quando João Batista pregava o que hoje chamamos de "arrependimento", estava falando em *metanoia*, ou seja, uma nova maneira de pensar, ou de agir, ou de ser. Se você estiver consciente de que jamais repetirá o erro (embora *jamais* seja uma palavra um tanto perigosa), ou pelo menos de que sabe que não deseja repeti-lo, ou de que vai evitá-lo tanto quanto lhe for possível, então está a caminho da transformação. Muitas vezes nos sentimos culpados somente quando somos apanhados. Isso já lhe aconteceu? Pense bem e não se culpe. Afinal, todos nós temos nossos momentos de fraqueza. Acha que isso não é honesto? Não é mesmo, mas, e daí? Reconhecer que acontece com você (e com todos), faz parte de sua conscientização da verdade sobre si mesmo. E tal conscientização é a base do despertar de seu eu espiritual. Parabéns!

Atalho 90

O Amor é a cola do Universo.

Ouvi muito isso de meu mestre. Ele dizia que o amor é a única razão de tudo, única força de coesão, chave suprema, estrada principal. Se não existisse o amor como força de coesão, como estaríamos? Como estaria o universo? Só o amor faz as coisas subsistirem, só o amor cola os pedaços. Como seria o mundo se o amor fosse a única emoção? Como seria se aprendêssemos a amar? Por enquanto percebemos, muito longinquamente, fiapos de amor em nosso coração, mas ainda somos guiados pelo egoísmo, pela ambição, por nossos desejos pessoais, por necessidades individuais. E, ainda assim, conseguimos sobreviver, conseguimos às vezes vislumbrar o amor que, creio eu, é a meta principal: o amor impessoal, o amor abrangente, o amor que não exclui, não discrimina. Dizem que há lugares no universo onde a emoção do amor não é conhecida, assim como há lugares onde a única emoção conhecida é o amor. Quando será que vamos estar prontos para o amor incondicional, esse amor que realmente é a cola do universo, que impede nossa desintegração, que nos preserva a despeito de todos os nossos foras, de todo desrespeito, de toda indiferença, de toda mesquinhez? Temos que ser gratos às energias universais que nos amam apesar de tudo, que ainda acreditam em nós, que ainda dizem (como na escritura hebraica): "Se houver uma só alma..."

Atalho 91

A *tocha espiritual.*

Muitas vezes, uma seta colocada por você no caminho de outra pessoa, de repente se transforma em flecha e atinge o próprio Sol, onde se torna incandescente e se transforma numa tocha espiritual, derramando-se sobre o mundo em partículas de Luz e acendendo a tocha interior de todos os que são tocados. Permaneça atento, permaneça aberto, para que a tocha do seu espírito seja acesa e ajude a iluminar o mundo.

Atalho 92

Inocência.

Bertold Brecht, dramaturgo, poeta e escritor alemão (1895-1956), já perguntava: "Que tempos são estes, em que é quase um delito falar de coisas inocentes?" Lembro-me de meu mestre terreno, que contava umas piadinhas completamente inocentes, e ele mesmo dava boas risadas com suas histórias. Nós nos encantávamos diante daquela simplicidade e muitas vezes nos perguntávamos para onde haviam ido nossa inocência, nossa pureza, nosso prazer diante das coisas ingênuas e singelas. Existe, nas profundezas de cada ser, uma candura primordial, um êxtase deífico diante do inominado, uma reverência, um altar sagrado em honra à luz divina que brilha em nosso interior. Só que não temos coragem de assumir essa candura e nos deixamos conspurcar pelas preferências do mundo exterior, pelas histórias maliciosas ou sórdidas que maculam nossos ouvidos, nossa mente, nossa alma. Temos medo de parecer antiquados, ou ridículos, ou inocentes demais para nossos tempos. E então damos risada das piadas sujas, das histórias inadequadas, das músicas irreverentes. Não queremos ficar "por fora", não queremos parecer "santarrões". Quando estiver numa roda e alguém começar a contar algo que não lhe interesse, vá logo dizendo: "Olhe, espere um pouco, que vou dar uma volta. Depois você continua". Por que a gente não tem coragem de dizer "não"?

Atalho 93

O amor desce em cascata.

Somos amados por nossos pais, que foram amados por nossos avós, que foram amados por nossos bisavós; e amamos nossos filhos, que amam nossos netos, que amam nossos bisnetos, que amarão nossos trinetos etc. Não é assim a vida? Aquilo que fazemos por nossos filhos, eles farão pelos filhos deles. O que nossos pais fizeram por nós, nós fazemos por nossos filhos. Essa é a ordem natural da vida, é assim que a raça humana se perpetua. Às vezes percebo uma pontinha de ciúme em meu coração quando vejo meus filhos completamente voltados para sua prole (embora eu seja apaixonada por meus netos), parecendo que nem notam minha presença. O que vou fazer? Há coisas difíceis de controlar. O importante, porém, é que exista esse amor, que desce em cascata, esse amor que é refrigério da alma, que toca o mundo pra frente. Portanto, se você um dia sentir essa pontinha de ciúme, lembre-se de que seus pais passaram pela mesma experiência, assim como seus avós antes deles. Não fique envergonhado, você não está cometendo nenhum pecado. E, também, pense em toda a corrente de amor que vem da Luz Divina até você, passando por todas as pessoas que serviram de instrumento para facilitar seu caminho espiritual, cada uma dessas pessoas acendendo sua própria luz para iluminar outras, até chegar a você; e agora, lembre-se daqueles cujo caminho você iluminou, está iluminando e ainda irá iluminar. Acho muito linda essa ideia do amor como cascata.

Atalho 94

O maior precisa compreender o menor.

É bem conhecida a historinha do monge que estava salvando um escorpião quando foi picado por ele, e que, apesar da picada dolorida, não interrompeu o resgate. Quando lhe perguntaram por que não largara o escorpião à sua sorte, o monge respondeu: "Picar faz parte da natureza do escorpião. E deve fazer parte da minha natureza compreendê-lo. Porque o maior precisa compreender o menor, e não o contrário." É muito comum exigirmos de outras pessoas, às vezes mais jovens, às vezes menos preparadas, um comportamento que faça jus a nossas expectativas. Dificilmente nos lembramos de que a idade, a criação, a cultura, a maturidade e tantos outros fatores têm um papel importante no comportamento e na reação das pessoas. Vemos muito, em relação a crianças e adolescentes, uma total incompreensão por parte dos adultos. O que esperamos deles? Que se comportem e reajam da maneira que nós nos comportaríamos e reagiríamos? É uma pena não nos darmos conta de que nosso carinho, nossa compreensão, nosso papo descontraído a respeito do problema em questão podem ser a alavanca que ajudará a pessoa a subir para um novo patamar de maturidade, de desenvolvimento interior, de experiência, de sabedoria. Não são as crianças e os jovens, ou ainda, os menos preparados e menos amadurecidos, que precisam compreender-nos e agir de acordo com nossas expectativas. Somos nós, tão maduros, tão inteligentes, tão sábios, tão magnânimos, tão avançados, tão desenvolvidos, tão maravilhosamente "perfeitos" que precisamos compreendê-los e estender-lhes a mão.

Atalho 95

Irritação.

Já reparou que há pessoas que nos irritam sem que haja um motivo explícito para essa irritação? Por que será que isso acontece? Muitas vezes, são pessoas de quem realmente gostamos, mas, por algum motivo oculto, elas nos irritam. É claro que tal irritação não vem do nada. Ela tem sempre origem em alguma forma de julgamento, de não aceitação. É bom buscarmos os motivos, com honestidade e consciência. Muitas vezes gostaríamos que aquela pessoa fosse diferente do que é: que fosse mais ativa ou que fosse mais tranquila, que comesse mais ou que comesse menos, que falasse mais alto ou que falasse mais baixo, que fosse mais comunicativa ou menos expansiva, que nos desse mais atenção ou que largasse de nosso pé, que gostasse mais de ler ou que fosse menos intelectual, que se interessasse mais por política ou que gostasse mais de música, que comesse mais devagar ou que comesse mais depressa, que falasse mais ou que falasse menos, sei lá, são tantas as coisas que nos irritam em determinadas pessoas! Preste atenção, que não estou falando aqui de coisas que nos irritam em *qualquer* pessoa, pois acho que nos irritamos com qualquer um que jogue toco de cigarro no chão, não recolha o cocô do seu cachorro, estacione na frente de garagem alheia, bata numa criança, brigue com o cônjuge na nossa frente, seja grosseiro com um subordinado, converse alto no cinema, pise nas plantas, e por aí vai. A lista é bem comprida... Essa é uma irritação natural. Estou aqui me referindo à implicância com pessoas determinadas que, façam o que fizerem, nos irritam. Vai me dizer que isso não acontece com você? Deixe de ser espírito de porco e passe a agir de maneira contrária, tratando a pessoa com boa vontade e doçura. É você quem precisa mudar – não ela.

Atalho 96

Não discuta sobre quem está certo ou errado.

Estar certo ou errado é uma questão de pontos de vista. É uma característica do ser humano achar que está sempre certo. Em geral formamos uma opinião a respeito das coisas e temos certeza de que nossa opinião é correta. Será? Quem tem razão? Sempre existem duas faces em cada moeda. Todos têm direito a suas preferências. Não queira servir de árbitro numa discussão. Quem lhe disse que sua opinião é **melhor** que as demais? É preciso respeitar o pensamento alheio. Só se envolva na discussão dos outros se tiver condições de apaziguar os ânimos. Não tome partido. Caso precise dizer alguma coisa, expresse uma opinião independente, sem favorecer este ou aquele lado. Mas tome cuidado, pois, entrando na discussão, não conseguirá resistir ao fascínio das palavras. A linguagem se deixa seduzir por seu próprio jogo. Nunca tente mostrar que é mais sábio que os demais, porque, sabe de uma coisa? Você não é! A verdade tem muitas faces, e sua verdade mostrará apenas uma delas.

Atalho 97

Paz não é submissão.

É frequente confundirmos paz com submissão. Para vivermos em paz com nossos pais, submetemo-nos a eles. Para recebermos a aprovação de nossos professores, submetemo-nos a eles. Para vivermos em paz com nosso cônjuge, submetemo-nos a ele. Para vivermos em paz na sociedade, submetemo-nos a ela. Para vivermos em paz com Deus, submetemo-nos a uma igreja. E nessa onda de querermos viver em paz, vamos perdendo nossa autonomia, abdicando de nossos sonhos, abrindo mão de nossos ideais, abandonando nossa iniciativa, e acabamos por viver aquilo que os outros "sonham" para nós. Tudo em nome da paz. E aí, como é que você fica? Para onde você vai? Não é que você deva ser um galo de briga, sempre contra tudo e contra todos, mas o equilíbrio é fundamental. Viver em paz é estar bem consigo mesmo, é gostar do que faz, é aprender com os próprios erros, é cair e levantar sozinho, é viver sua própria vida, é buscar rumos com independência, é ouvir o coração, é amar-se, é dissolver sentimentos de culpa e expectativas impostas, é ter consciência de sua origem divina, de seu traçado de vida, de seu destino solar glorioso. Viver em paz é viver seu próprio sonho.

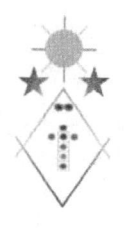

Atalho 98

Escutar com o ouvido espiritual.

Você já tentou escutar com seu ouvido espiritual? Tudo muda de som, o coração se abre e o ego fica quase adormecido. Quando você lê uma poesia, pode prestar atenção à rima, à métrica, ao ritmo, ao estilo. Mas quando a lê com o coração, percebe os sentimentos do autor, a emoção, o lirismo, a mensagem, as nuances. Nós todos somos muito críticos e sempre achamos que sabemos mais que o autor, o compositor, o intérprete, o pintor. Fico muito emocionada quando, num concerto, vejo pessoas de todas as classes sociais, ou percebo entendidos sentados ao lado de gente que está ali pela primeira vez e bate palmas fora de hora por simples desconhecimento. E tenho certeza de que muitas dessas pessoas olhadas com certo desprezo pelos eruditos captam com mais facilidade a emoção, a beleza espiritual da obra artística. Ah, fico furiosa com os comentários desairosos que às vezes ouço a respeito das pessoas menos informadas. Nunca pense que é inferior aos "entendidos", nunca tenha vergonha de dizer não sei, estou aprendendo, porque o que vale é o que você sente, o que vale é sua alegria interior, o que realmente conta é o que capta com seu ouvido espiritual. Também nunca ache que uma pessoa é mais adiantada que você no plano espiritual, que você ainda está engatinhando, que nunca vai chegar lá, porque, muitas vezes, o iniciante dá um salto tão grande que os "iluminados" nem conseguem mais enxergá-lo. Lembre-se de que ninguém é superior a você, como também... ninguém é inferior.

Atalho 99

Inspiração.

Richard Bach, autor de *Fernão Capelo Gaivota*, nunca reivindicou a autoria do livro, pois conta que certo dia, enquanto caminhava, ouviu uma voz que lhe dizia: "Jonathan Livingston Seagull" (traduzido como Fernão Capelo Gaivota em português). Ao chegar em casa, recebeu da voz imagens que lhe mostraram a estrutura do livro em forma tridimensional. A voz, então, desapareceu e, por conta própria, Richard Bach não conseguiu terminar o manuscrito. Somente oito anos mais tarde tornou a ouvir a voz, recebendo, então, o resto da obra. Em vista disso, ele afirmava não ser o autor do livro. Ao ter contato com *The Seth Material* (O Material de Seth), transmitido por Jane Roberts, percebeu semelhanças entre o que lhe acontecera e o trabalho que ela vinha desenvolvendo. Resolveu então procurá-la, a fim de ver se conseguia uma explicação para o fenômeno que o envolvera. A resposta foi que "a informação deseja mover-se em direção à consciência... Ela não é morta nem inerte... e deseja ser agarrada, gravitando em direção aos que a procuram." De repente ficou claro para mim o sentido da palavra *inspiração*. Existe uma verdade, uma ideia, uma informação cósmica pairando no ar, e, em determinado momento, uma pessoa que está preparada, está aberta, está consciente, *inspira* a informação, capta-a e traz para dentro de sua consciência. Aí dizemos que ela teve uma *inspiração*. Ela literalmente *inspirou* a ideia e produziu uma verdade em roupas novas, roupas que só ela poderia confeccionar. Portanto, o músico que *inspira* uma porção da sinfonia universal e a *expira* para o mundo, é o verdadeiro compositor, pois só ele estava preparado para captar aquele trecho. O pintor que *inspira* a ideia para um quadro, pinta-o com as cores e as formas de sua própria consciência, sendo, portanto, o seu autor. O escultor que *inspira* uma ideia que paira no universo, que gravita no cosmo, e dá-lhe forma na matéria, é seu criador. Então, nesse movimento ondulante de *inspiração* e *expiração*, está o segredo da obra criativa, seja ela artística, científica ou espiritual.

Atalho 100

A linguagem e o simbolismo do Caminho Espiritual (é preciso conhecer para poder transmitir em palavras).

A pessoa que escreve um livro, escreve-o numa língua que ela conhece, usando palavras que lhe são familiares. Precisa expressar seus sentimentos ou explicar em termos claros os conhecimentos que deseja transmitir. Para tanto, é necessário que tenha o vocabulário adequado a fim de expor o assunto, de torná-lo compreensível ao leitor. Esse vocabulário é indispensável, antes de tudo, para que ela consiga captar cosmicamente a ideia que paira no universo à espera de expressão. Descobri isso quando comecei a reconhecer, nas coisas que dizia e escrevia, palavras e expressões do Quarto Caminho, dos pleiadianos, do Material de Seth, do Absoluto, do xamanismo, de Goldsmith, do Reiki, dos celtas, da própria Bíblia – palavras e expressões que me permitiam dar um sentido verbal a ideias e sentimentos do meu ser interior, a experiências espirituais do meu cotidiano. Com o correr do tempo, essa "linguagem" do espírito vai se tornando parte da pessoa e passa a ser absolutamente natural, o que não significa que esteja copiando ou repetindo aquilo que foi dito por outros homens: significa apenas que, por anos e anos de busca do divino, ela aprendeu a linguagem cósmica do espírito, uma linguagem que, embora pareça ter origens diferentes, tem uma fonte única, que é a energia primordial.

Bloco 6
(Atalhos 101 a 120)

101. Só os verdadeiros mestres..., 107
102. Incentivar a busca da verdade, mas..., 108
103. Tudo o que cerceia sua liberdade tira sua força, 108
104. Não existe evolução coletiva, 109
105. As percepções são fugidias, 110
106. Sigilo quanto às coisas espirituais, 111
107. Trabalhar nos opostos, 113
108. Taça ou cálice, 114
109. Quem realmente nos conhece, 115
110. Timidez, 116
111. Quando não há nada dentro, o que está fora murcha, 117
112. O que você é fala tão alto..., 118
113. Verborragia, 119
114. Entregue-se!, 120
115. Não deixe a compaixão transformar-se em pena..., 120
116. Não adianta querer mais..., 121
117. Aonde quer que você vá, carregue sua energia, 122
118. Todo trabalho requer um mínimo de esforço..., 123
119. Trabalhar é orar com as mãos, 124
120. Há pessoas que fazem do Sol..., 125

UAC

Atalho 101

Só os verdadeiros mestres sabem que continuarão sempre a ser discípulos.

Aquele que sabe tudo, que acha que não tem mais nada a aprender, está tão longe da verdade que nem com binóculo vai conseguir chegar perto dela. Um mestre sabe que o aprendizado é infinito, que tudo que nos cerca está aí para ensinar – seja uma formiguinha, uma planta, um animal, uma árvore, a terra, o sol, a lua, as estrelas, o universo – especialmente esse uni-verso que é o próprio homem. Uma vez ouvi alguém dizer que até o *pior* dos homens serve como *ótimo* exemplo (daquilo que não devemos ser), o que mostra que cada um de nós tem sua utilidade... Também, falando de espiritualidade, quanto mais espiritual é um homem, mais ele se abre para captar as lições disponíveis na Terra e no cosmo. Ele observa a natureza, sente o que ela lhe transmite, conversa com as árvores, com as flores, recebe sua energia, suas lições de amor. Ele ama os animais, percebe as mensagens que transmitem, percebe seus lamentos, suas dores, e também compartilha de suas alegrias. O mestre verdadeiro faz trocas constantes com os outros homens, olha para as crianças com o coração aberto e capta as lições que elas lhe trazem. Todos nós sabemos que existem leis cósmicas, mas podemos dizer que também existem consequências cósmicas, e uma delas é que ninguém ensina sem ao mesmo tempo aprender, assim como ninguém aprende sem ao mesmo tempo ensinar.

Atalho 102

Incentivar a busca da verdade, mas não percorrer o Caminho no lugar do outro.

Todos nós temos a mania de ajudar. E ajudar, para nós, em geral significa fazer o outro fazer o que achamos que ele deve fazer. Pare com isso! Incentive a busca da verdade simplesmente *sendo*: sendo feliz, sendo otimista, sendo íntegro, sendo solidário, sendo consciente, sendo reverente, sendo, sendo, sendo. Enfim, palmilhando seu próprio caminho, não o do outro. Nunca se imiscua na vida espiritual de outra pessoa, a não ser que ela lhe peça ajuda. E aí, a única coisa que você pode fazer é indicar atalhos. Se ela irá entrar por eles ou não, é decisão dela, não sua. Não procure forçá-la. A escolha é dela. É dela a maravilhosa lei do livre-arbítrio. É dela por herança. Não lhe roube esse bem. É ela quem precisa atravessar a ponte para encontrar a entrada do Caminho que leva à Luz. Você não pode fazer isso por ninguém, por mais que deseje, porque o Caminho é interior, está *dentro* de cada um, nunca *fora*. Quando alguém lhe pedir ajuda, diga: "Busque sua própria luz, olhe para dentro de si mesmo, encontre sua verdade. Ela está aí, bem viva em seu coração. É só você se abrir para ela." É assim que incentivamos a procura da verdade.

Atalho 103

Tudo o que cerceia sua liberdade tira sua força.

Passei 46 anos de minha vida prisioneira de uma igreja. Sei o que significa ser manipulada. Não preciso que ninguém me diga. Quando, finalmente, comecei a perceber a manipulação, foi como se despertasse de um sono letárgico e começasse a abrir-me para as maravilhas da verdade. Foi um despertar tão fantástico, que me parecia ter adquirido a força de todos os mundos, de todas as galáxias, de todos os universos. Eu me via livre pela primeira vez na vida: livre para sentir, livre para pensar, livre para saber, livre para SER. E foi então que pressenti a Luz, a luz que Eu Sou, a luz que você é, a luz que nos permeia. E é fantástico perceber as gradações dessa luz. Acontece, porém, que ela só pode manifestar-se plenamente dentro de uma total liberdade, dentro de uma total independência espiritual. Em que ponto está você? Já conquistou essa independência? Porque não basta apenas proclamá-la: é preciso possuí-la. É preciso não temê-la, é preciso saboreá-la plenamente. Às vezes olhamos para uma pessoa e sua luz é tão forte que quase nos tira o fôlego. Só que ela ainda não a pressentiu, pois é prisioneira de dogmas, de regras impostas por líderes religiosos, de interpretações literais de livros sacros. Saiba que você tem todo o direito de tomar posse de sua independência espiritual, de gritá-la bem alto, de colocá-la a serviço de sua total felicidade e transcendência. Liberte-se e comece a crescer de um modo extraordinariamente jubiloso.

Atalho 104

Não existe evolução coletiva. Isso é uma ilusão. Não existe método que possa salvar a massa. O processo é individual.

Seria ótimo se pudéssemos reunir milhões de pessoas em um só lugar, ensinar-lhes um método que produzisse evolução, e dizer-lhes: "Agora podem voltar para casa que este método irá trazer-lhes salvação." Cada pessoa tem necessidades diferentes, cada pessoa está em um nível diferente de desenvolvimento, cada pessoa está em um ponto diferente de aprendizado, cada pessoa tem uma percepção diferente, cada pessoa tem uma abertura diferente, cada pessoa tem um grau de entendimento diferente, cada pessoa tem um passado diferente, cada pessoa vai ter um futuro diferente, cada pessoa tem uma aspiração diferente, cada pessoa tem uma capacidade de assimilação diferente, mas todos os envolvidos nesse tipo de processo acreditam, ingenuamente, que fazendo afirmações como Jesus te ama, Aleluia, Namaste, o Senhor é contigo, Converte-te ao Senhor, e outras coisas do gênero, estão salvos. Que pena! Às vezes vemos pessoas de bom coração, sinceras, que na verdade possuem um maravilhoso potencial espiritual, sendo iludidas com promessas mirabolantes de salvação, colocando seu poder divino nas mãos de terceiros, tornando-se dependentes deles, sendo manipuladas, desviadas de seu caminho interior, o único que poderia levá-las à verdadeira espiritualidade e à evolução. O processo de ascensão é individual, não é grupal nem público. Ele acontece no íntimo de cada um, na consciência de nossa ligação direta com o Uno, na percepção de nossas possibilidades espirituais individuais, no êxtase profundo da revelação divina. Não, não existem receitas públicas, não existem métodos que possam ser aplicados às massas, não existe evolução coletiva. Sua verdadeira evolução só depende de você.

Atalho 105

As percepções são fugidias.

As percepções espirituais, os *insights*, as revelações, as mensagens, as instruções quase nunca nos chegam quando estamos esperando, mas, em geral, quando estamos totalmente desprevenidos, despreocupados, quando não estamos pensando que aquela é a hora certa. De repente, sem aviso prévio, num átimo de segundo, uma impressão atravessa-nos a mente, um sentimento quase sem forma toca-nos o coração e, naquela percepção fugidia, são-nos revelados os segredos do Universo, a sabedoria da antiguidade, o caminho das estrelas, a face de Deus. E de repente você sabe, de repente você se lembra, e a informação contida em seus ossos, em suas células, em seu DNA se transforma numa luz tão forte, que você entra em êxtase, numa outra dimensão, numa outra esfera, num outro sistema de realidade. Porque a percepção fugidia é um gatilho que desencadeia sua memória celular. E esse tipo de conhecimento não pode ser contestado, porque ele vem de dentro de você, porque ninguém precisou ensiná-lo a você, porque ele é apenas uma confirmação daquilo que já sabia em seu íntimo. Confie plenamente nas percepções fugidias. Não as descarte nunca, não se deixe intimidar pelas dúvidas, sejam suas ou alheias. Mande ao Universo a mensagem de que você está aberto apenas para a verdade e para a luz. Confie e siga em frente sem olhar para trás.

Atalho 106

Sigilo quanto às coisas espirituais.

Existe uma grande diferença entre "secreto" e "sagrado". O grão só germina na escuridão da terra. O feto só se desenvolve no útero da mãe. A lagarta só atinge o ponto de transformação dentro do casulo. As aves criam suas asas enquanto estão no ovo. Tudo tem um tempo de maturação. Se o grão é tirado da terra antes de germinar, a planta não se desenvolve. Se o feto deixa o útero prematuramente, suas funções vitais ficam prejudicadas. Se a lagarta perde o casulo antes do tempo, não se transforma em borboleta. Se a casca do ovo se quebra antes da hora, a ave morre. E se em qualquer desses casos não ocorrer a morte, a planta, o bebê, a borboleta, a avezinha nascerão fracos e terão sua qualidade de vida comprometida. O mesmo acontece no trabalho espiritual. Você talvez conheça a parábola do saco de farinha: uma mulher foi ao mercado e comprou um saco de farinha. Voltou alegremente para casa, pensando em todos os pães que ia fazer. Não percebeu, porém, que o saco tinha muitos buraquinhos e que a farinha escapava por eles. Ao chegar em casa, descobriu que toda a farinha se fora pelo caminho e que ela ficara sem nada. Muitas vezes, no caminho espiritual, sentimo-nos tão eufóricos com o que está acontecendo, que começamos a espalhar as novidades aos quatro ventos. Passamos adiante conhecimentos que ainda não amadureceram dentro de nós. Divulgamos experiências antes de as termos compreendido plenamente, antes que se complete o período de gestação. Convocamos para cerimônias sagradas pessoas que ainda não estão prontas, no afã de privilegiá-las com um conhecimento mais profundo. Fazendo isso, muitas vezes interrompemos um processo natural de desenvolvimento, que chegaria a bom termo se tivéssemos respeitado o tempo de maturação: o tempo da pessoa e o nosso. Não há pressa, embora estejamos todos muito ansiosos. Algumas culturas nativas ensinam que as experiências espirituais só devem ser divulgadas depois de um ano. Antes disso, dizem eles, a divulgação prematura pode fazer com que a experiência se perca, assim como a farinha. Tudo deve amadurecer, tudo deve ser testado, tudo deve ser experimentado antes de ser oferecido, pois embora os trabalhos espirituais não sejam secretos, eles são muito, muito sagrados e, portanto, precisamos ter cuidado com sua divulgação.

Atalho 107

Trabalhar nos opostos.

Nunca lute contra aquilo que deseja vencer. Todos nós temos nossas qualidades, mas também temos nossos defeitos. E é claro que, trilhando um caminho espiritual, gostaríamos de fazer com que esses defeitinhos existissem em número cada vez menor. "Sou egoísta? Ah, preciso me corrigir! Sou preguiçoso? Ah, preciso me livrar deste defeito! Sou fofoqueiro? Ah, preciso parar com isso! Sou invejoso? Ah, preciso mudar!" Não é assim que você pensa? Sempre achamos que devemos lutar contra nossos defeitos. Mas lutar contra eles serve apenas para fortalecê-los, para enfatizá-los, para focalizar neles nossa energia. O que fazer, então? Existe uma regrinha muito simples, um ovo de Colombo: *trabalhar nos opostos*. O que significa trabalhar nos opostos? Significa que, se você é egoísta, deve desenvolver a generosidade, o altruísmo. Se é preguiçoso, deve desenvolver a atividade, o movimento, a energia física e mental. Se é fofoqueiro, deve praticar a arte do reconhecimento das virtudes alheias, falando sobre elas e realçando-as. Se é invejoso, trabalhe sobre a solidariedade, aprenda a alegrar-se com o sucesso dos outros. Caso sinta muito apego a seus bens materiais, pratique a arte da doação. Aprendi isso no dia em que, estando numa casa onde havia muitas plantas, pedi de presente um vasinho bem pequeno, pelo qual me apaixonara. A resposta foi um não bem redondo. Fiquei tão chocada que, a partir daquele dia, quando uma pessoa me dizia: "Que anel bonito!" eu tirava o anel imediatamente e dava-o de presente: "Aqui, é seu." Certa vez, no escritório, uma colega elogiou meu vestido. No dia seguinte, levei o vestido para ela. Custou para eu conseguir me equilibrar e parar de dar tudo o que tinha. Comece a pensar nas necessidades das outras pessoas, comece a ser generoso, comece a ser ativo, faça exercícios físicos, mexa-se, faça o que deve ser feito, sem hesitações, comece a falar bem das pessoas, a reconhecer suas qualidades, comece a alegrar-se com o sucesso alheio, a colaborar para o bem-estar de seu próximo. Para todo defeito existe uma qualidade, e é nessa qualidade que você deve concentrar-se. Não lute contra, lute a favor!

Atalho 108

Taça ou cálice.

Taça tem vários sentidos espirituais. Representa, em geral, receptividade. Dizemos que nossa taça está cheia ou está vazia, pensamos no Santo Gral como a taça que continha o sangue de Cristo. Na cabala, um dos 72 nomes sagrados de Deus é formado pelas letras *kaf – lamed – iud* (lidas da direita para a esquerda), e seu significado é "recipiente". Essa combinação de letras aumenta nossa capacidade para receber e manter a luz. Analee Skarin, uma mística americana do século passado, que foi intensamente perseguida pelo clero organizado, dizia que nós somos a taça e que, quando desejamos alguma coisa, devemos apresentar essa taça ao universo para que ela se encha com a manifestação de nosso desejo. Dizia que a taça continha o líquido dourado de nosso espírito, e que esse líquido, a fim de poder refletir nossos desejos, precisava estar absolutamente tranquilo, em perfeita paz, para que seu reflexo fosse transmitido com total clareza, sem ondulações que causassem um desvio na mensagem enviada. Entretanto, nos momentos de aflição, achamos difícil encontrar a paz necessária para a expressão de nossas necessidades. É preciso, contudo, buscar essa paz dentro de nós, libertando a mensagem do espírito, para que os átomos espirituais se manifestem em nossa vida como átomos materiais. "*Apresento minha taça ao universo, para que ela se encha de saúde, prosperidade, equilíbrio emocional e riqueza espiritual.*" Ou seja lá o que for que você deseje. A escolha é sempre sua.

Atalho 109

Quem realmente nos conhece?

Essa pergunta me fez pensar muito e, embora já me tivessem dado a resposta, fiquei impressionada com a sabedoria do que ouvi: "Quem realmente a conhece são seus familiares imediatos e seus empregados." Que meu marido e meus filhos me conheçam, é uma coisa óbvia, mas nunca havia pensado naqueles que trabalharam ou trabalham para mim. Na verdade, quem melhor do que a "secretária" aqui de casa para conhecer minhas idiossincrasias, minhas chatices, minhas manias, minhas cismas, minhas exigências exageradas? Mas também meu bom humor, minha alegria, minha disposição para ouvir, minha compreensão e meu amor? Ela convive comigo diariamente, ouve minhas lamúrias, conta-me seus segredos, trocamos confidências de mulher. Às vezes, porém, reclamo sem grandes razões (outras, com muita razão), mas seria impossível esconder dela quem eu realmente sou. Os empregados não param em sua casa, em seu escritório, em sua fábrica? Isso é um sinal de alerta. Pense bem: você é uma pessoa desagradável, que só sabe humilhar os subalternos, que nunca lhes faz um elogio, que nunca diz "por favor" ou "obrigado"? Outro dia perguntei a minha secretária por que ela não aceitava ofertas de melhores salários. A resposta me comoveu: "Pouco com Deus é tudo, muito sem Deus é nada." (Com minha gratidão a Lourdes, que trocou muita fralda de meus filhos, e a Regina, que acompanhou com muito amor a adolescência deles.)

Atalho 110

Timidez.

Existe uma ligação entre timidez e indiferença. Muita gente se esconde atrás de uma pretensa timidez quando, na verdade, está escondendo (até para si mesma) uma total indiferença, um total desinteresse ou um total comodismo. Percebi isso certa vez que comecei a fazer uma experiência prática com o cristianismo, tentando descobrir o que era ser realmente cristão. Eu me considerava uma pessoa tímida e, muitas vezes, usava essa timidez como desculpa para não tomar certas iniciativas em relação às pessoas. Pensava: Ah, não tenho coragem de falar com esse mendigo, não tenho coragem de abordar essa mulher, não tenho coragem de oferecer ajuda... E achava que minha timidez justificava a omissão. Até que um dia, em meio a minha experiência, me deparei, numa feira de rua, com um mendigo que não tinha as duas pernas. Os tocos que restavam de suas pernas estavam presos a um tipo de *skate*, e ele, com uma espécie de luva de couro, ia arrastando o carrinho com as mãos. Passei por ele e, provando meu espírito cristão, joguei-lhe algum dinheiro. Continuei meu caminho mais alguns passos e, de repente, parei indignada comigo mesma e pensei: "Deixe de ser hipócrita. Você acha que esse dinheiro significa alguma coisa?" Então dei meia-volta, parei na frente do homem, ajoelhei-me na calçada para ficar da altura dele, e começamos a conversar. Não me lembro do que foi que falamos, só me lembro do sorriso radiante naquele rosto sofrido. Foi um momento que valeu por mil sermões, por mil lições de vida. Outra vez, eu estava dirigindo por uma avenida quando vi uma mulher caída numa esquina. Estacionei o carro e corri em direção a ela, que já estava cercada por um grupo de pessoas. No mesmo momento apareceu outra mulher, esbravejando furiosa: "Ninguém está fazendo nada para ajudar? Ninguém tem compaixão? Ninguém se importa com o próximo?" Eu só disse: "Vamos ver se encontramos algum número de telefone na bolsa dela." Enquanto eu avisava a família, a mulher chamou uma ambulância. Quando tudo estava resolvido, ela se aproximou de mim e disse: "Quero pedir desculpas por minha grosseria agora há pouco. Você não merecia aquilo." Eu simplesmente respondi: "Não se preocupe. O importante é que você e eu estejamos sempre dispostas a ajudar." Foi difícil, e às vezes ainda tenho recaídas, mas aprendi a vencer a timidez.

Atalho III

Quando não há nada dentro, o que está fora murcha.

Achei muita graça quando ouvi uma amiga dizer isso em relação a resultados de cirurgias plásticas, comentando que, por mais que repuxemos daqui e dali, se não houver um "enchimento" espiritual, uma sustentação interior, o "de fora" tornará a murchar, a velhice tornará a aparecer, a exuberância externa será passageira e o resultado aparente da cirurgia plástica será nulo. Embora tenha achado engraçada a ideia dela, fiquei pensando em como certas pessoas idosas parecem sempre jovens, mesmo sem ter feito nenhuma plástica. Acho que é porque seu interior é tão pleno, tão viçoso, que isso transparece com muita clareza quando se olha para elas. E a mensagem que recebemos é uma lição de otimismo, de boa vontade, de força e de amor – sem plástica.

Atalho 112

O que você é fala tão alto, que não consigo escutar o que você diz.

O que eu sou é a soma e a média de meus sentimentos, de minhas atitudes, de meu caráter, de minhas crenças. Nunca vou me esquecer do choque que levei ao ver uma pessoa que pregava coisas maravilhosas, de repente agir contrariamente a tudo que ensinava. A partir daquele momento, não consegui mais prestar atenção ao que ela dizia, porque suas ações gritavam muito alto em minha mente e meu coração. Já falamos em competição de sofrimento, quando queremos sobrepujar, com nossas desventuras, o sofrimento alheio. Existe, porém, um outro tipo de competição, que é a competição de qualidades. Se alguém começa a falar sobre as qualidades de uma pessoa, imediatamente interrompemos, afirmando – "Ah, eu também sou assim!" ou "Eu também faço isso." Nunca deixamos que o outro termine o que começou a contar, esquecendo-nos de que a conversa não é sobre nós. Dificilmente nos dispomos a ouvir a história até o fim. "Como? Não sou eu o protagonista? Ah, preciso mudar essa situação imediatamente." Preste atenção. Quantas vezes você faz isso por dia? Às vezes é muito difícil segurar a língua, porque as pessoas falam sobre as qualidades alheias como se estivessem cobrando o mesmo de nós. Não tem importância. Morda a língua, mas não ceda à tentação de desfiar suas próprias qualidades. Lembre-se sempre de que precisamos experienciar um ensinamento, vivenciá-lo, prová-lo, saboreá-lo, torná-lo parte de nós, para então transmiti-lo não só por palavras, mas também por meio de nossas atitudes, de nossa postura no dia a dia, de nossa maneira de ser. É por isso que, sempre que estou transmitindo um ensinamento a alguém, pergunto a mim mesma: "Você pratica isso que está dizendo?" E se a resposta me deixa com alguma dúvida, apresso-me a acrescentar: "Ainda estou trabalhando nisso. Ainda não consegui superar essa dificuldade, mas espero chegar lá o mais rapidamente possível." Não quero ser hipócrita, não quero parecer o que não sou, não quero falar sobre o que não conheço, não quero transmitir um amor fingido. Nossa, como é difícil às vezes manter a integridade!

Atalho 113

Verborragia.

CUIDADO COM A VERBORRAGIA! Nós gostamos muito de falar, falar, falar, e muitas vezes falamos sobre coisas que não entendemos, apenas porque gostamos de ouvir o som de nossa própria voz. Olhe a vaidade aparecendo aí. Não queira parecer instruído, não queira parecer inspirado, não queira parecer inteligente, não queira parecer esperto, não queira parecer informado, não queira parecer NADA. Só pode transmitir o que você já é. Não há nada que algumas palavras decoradas possam melhorar. Quando falar, fale sobre aquilo que já experienciou, que faz parte integrante de você. Quando discorremos sobre uma coisa que não conhecemos bem, estamos MENTINDO, uma vez que nossas informações são insuficientes e podem levar-nos a expressar meias verdades. CURE-SE DE SUA LOGORREIA! Não queira monopolizar a conversa. Respeite o tempo dos outros, respeite os ouvidos alheios.

Atalho 114

Entregue-se!

Você já deve ter ouvido, no decorrer de sua vida, muita gente dizendo que tem visões maravilhosas, faz canalizações, recebe mensagens dos anjos, fala com os Mestres, é orientada por eles etc., etc., etc. E tenho certeza de que ficou maravilhado e pensou: "Por que isso não acontece comigo?" ou "Será que não sou digno? O que há de errado comigo?" e outras coisas do gênero. SAIBA que não há nada de errado com você, que todos nós podemos ter nossas próprias visões, receber nossas próprias respostas, canalizar a partir de nosso interior. (Afinal, o que é a canalização senão uma ativação de nossa memória celular?) Basta acreditar e OUVIR. Não deseje nada, não inveje nada, não tenha nenhuma expectativa. O segredo é simplesmente abrir-se para o Universo, em completa entrega.

Atalho 115

Não deixe a compaixão transformar-se em pena, o amor em dependência, a espiritualidade em religião.

Ter compaixão é ter *paixão com;* **amar** é defender a *felicidade do outro;* **espiritualidade** é um *estado interior do ser.* – Ter com-paixão é viver a dor do outro com o outro, é perceber seus sentimentos, é ser solidário com seu sofrimento, é palmilhar com ele, passo a passo, o caminho da recuperação. Não é considerá-lo um coitado, um perdido, um infeliz. Ter com-paixão é acender o fósforo que poderá dissipar sua escuridão. **Amar** é *conceder ao outro o direito de ser feliz*, independentemente de você. É desejar e lutar pela alegria do outro, por sua realização, por sua vitória. Não é pensar que sem o outro você não conseguirá viver e que, portanto, ele deverá curvar-se à sua dependência e necessidade dele. O amor verdadeiro floresce na independência, produz liberdade. Seja livre! Nunca deixe que sua felicidade dependa de algo que não dependa de você. A **espiritualidade** é um *estado interior* e não está ligado a dogmas nem a lideranças religiosas nem a templos externos. A espiritualidade verdadeira só reconhece o templo interior, aquele que existe dentro de cada um, que guarda as lembranças eternas de nossas caminhadas, que nos desvenda a luz que brilha dentro de nós. Ela também conduz à liberdade do espírito, cujo conhecimento, apesar de individual, é cósmico.

Atalho 116

Não adianta querer mais, quando nem assimilamos ou praticamos aquilo que já temos.

Estamos sempre na expectativa de ouvir alguma coisa nova, de ler mais um livro, de fazer mais um curso, de receber uma nova canalização, de ter mais uma visão. O negócio é que nós gostamos mesmo é de novidades. Quantas vezes fazemos ou ouvimos a pergunta: "Alguma novidade?" Não importa se aquilo que já temos está sendo posto em prática. O que importa é nos sentirmos mais poderosos com novas aquisições.

Gostamos de empilhar conhecimentos e não percebemos que eles de nada nos valem se não forem digeridos. Recebi uma vez o telefonema de uma amiga que mora no exterior e com quem não falava havia quatro anos. Ela perguntou: "O que você anda lendo?" Eu respondi: "Aquele livro que você me deu." E uma voz muito desapontada comentou: "AINDA!!!" Ler não basta. É preciso assimilar, fazer com que a informação preciosa se torne parte de você. Quando segurar um livro nas mãos pela primeira vez, sinta sua energia, pergunte se ele faz parte de seu Caminho, se irá iluminá-lo. Caso não sinta nada, devolva-o ao lugar de onde veio. Não tenha pressa, aprenda a ser paciente, a esperar aquilo que realmente irá fazer diferença, porque "tudo nos é lícito, mas nem tudo nos convém." Você, que está lendo estes Atalhos, já pensou no que vai ler depois disto? Olhe lá! CALMA!

Atalho 117

Aonde quer que você vá, carregue sua energia.

Nunca viva ao sabor de energias alheias. Aonde quer que você vá, carregue consigo sua própria energia. Há pessoas que estão sempre se queixando de que "pegam" a energia de outras pessoas, de lugares onde entram e assim por diante. Sempre digo que você só "pega" se quiser. Ou se deixar. Para que isso não aconteça, é preciso estar sempre centrado, consciente de si mesmo, senhor da própria identidade. Nunca meça forças com energias alheias, porque se fizer isso, estará dando a essas forças uma importância que elas não têm. Ou, pelo menos, não deveriam ter para você. Quanto mais lutamos contra uma coisa, mais força lhe conferimos. Diga simplesmente: "Isso não faz parte da minha vida, não tem a menor importância para mim." Se não se sentir bem em um lugar, saia. É o melhor que tem a fazer. Mas saia de cabeça erguida, sem pressa, sem preocupações. Apenas pense: "Este lugar não é para mim. Não tenho nada que fazer aqui." E depois vá embora, deixando uma bênção atrás de si. Se uma pessoa suscita em você sentimentos negativos, não precisa ficar perto dela, não tem nenhuma obrigação de conviver com ela. Neste caso, também, abençoe-a e vá embora. Você merece estar cercado de luz, de alegria, de sorrisos. Se alguém lhe disser o contrário, não acredite.

Atalho 118

Todo tipo de trabalho requer um mínimo de esforço e de tempo.

Às vezes achamos que as coisas vão acontecer sem que participemos do processo, sem nenhum esforço de nossa parte, sem gastarmos nosso tempo. O que é isso? Faça pelo menos o esforço de pensar no assunto, de tomar algumas decisões, de pesar possibilidades. Tudo que vale a pena ser feito exige esforço, seja físico, mental, emocional ou mesmo espiritual. E tempo. O planejamento leva tempo, mas é nesse planejamento que começamos a vislumbrar a beleza do que nos propomos a fazer. E depois do planejamento vem a execução, a concretização de nossa ideia, de nossa expectativa. É bom trabalhar em algo que nos empolga, em algo que traz novo sentido a nossa vida. Só que nem todo trabalho tem um sentido maior. Há trabalhos que, realmente, não nos dizem nada. Segundo os pleiadianos, se você precisar mover um monte de tijolos de um lugar para outro, o melhor é chamar alguém que faça o trabalho para você. Use, então, aquele tempo em alguma coisa que seja significativa, que lhe traga satisfação, que o empolgue. Mas nunca pense que existe trabalho que não exija esforço, que não requeira tempo. Anime-se! Se o trabalho for interessante, nem perceberá o esforço, e o tempo simplesmente passará voando.

Atalho 119

Trabalhar é orar com as mãos.

Quando você se concentra num trabalho manual, na verdade está meditando, está elevando seu espírito e, ao mesmo tempo, fazendo uma contribuição, seja ela artística, lúdica, doméstica, agrária, educativa ou de outra natureza qualquer. Quando trabalha na terra, plantando, capinando, aguando, colhendo, se estiver atento, vai sentir uma ligação profunda com a natureza, com o planeta, com o universo. E será impossível evitar o voo de seu espírito nesses momentos. Quando monta um brinquedo, faz um barquinho de papel, desenha uma casinha, a alegria que está proporcionando a uma criança só pode santificar sua própria criança interior, aumentando sua ligação com o divino. Quando arruma a casa ou até mesmo quando lava uma louça, está tornando o ambiente mais bonito, mais saudável, mais feliz. Quando produz uma obra artística com suas próprias mãos, está oferecendo ao mundo o que há de mais nobre em você. Se todos nós encarássemos o trabalho como uma oração, nossa alma ficaria mais leve, e quando nossa alma está mais leve, flutua em direção ao Infinito e nós nos tornamos parceiros da Criação.

Atalho 120

"Há pessoas que fazem do Sol uma simples mancha amarela, mas também há aquelas que fazem de uma simples mancha amarela o próprio Sol." (Pablo Picasso)

Que lindo, não é? Mas se alguém lhe perguntasse se o seu copo está meio vazio, ou meio cheio, se está vendo o Sol se pôr, ou vendo a Lua nascer, o que é que você diria? Como é que você vê as coisas? Há sempre uma escolha no momento de interpretarmos os acontecimentos. Se conseguíssemos optar pela alternativa mais otimista nos momentos dessas escolhas, veríamos milagres acontecendo. E sabem por quê? Porque nós criamos nossa realidade, e quando interpretamos uma mancha amarela como sendo o próprio Sol, estamos trazendo essa luz para diante de nossos olhos, para dentro de nossa alma, para os caminhos de nossa vida. Enxergue um sol em cada mancha amarela, um coração em cada ser, uma bondade em cada coração, uma esperança em cada manifestação de amor, um adulto feliz em cada criança, e estará criando um mundo novo, um "admirável mundo novo".

Bloco 7
(Atalhos 121 a 140)

121. Qual é sua missão na vida?, 127
122. Mudança versus Transformação, 127
123. Quem são seus mestres?, 128
124. Qual é sua bem-aventurança?, 129
125. Concentre-se no presente, 130
126. O presente é o momento de poder, 130
127. Preste atenção às coisas melhores, 131
128. Boa vontade, 132
129. Não se afobe, não fique ansioso, 133
130. Não queira levar vantagem em tudo, 134
131. Carma, 135
132. Muita informação, pouco conhecimento..., 136
133. Democracia espiritual, 136
134. Autoridade, 138
135. Não seja inflexível, 138
136. Críticas, 139
137. Visões, 140
138. Alienação, 141
139. Crítica construtiva?, 142
140. Perdão versus Absolvição, 143

UC

Atalho 121

Qual é sua missão na vida?

Muita gente me diz que não consegue descobrir sua missão nesta vida. Ora, é tão simples! Sua missão é *você*. De quem você acha que Madre Teresa de Calcutá estava tratando ao cuidar de milhares de pessoas carentes? Quem você acha que foi o maior beneficiário de sua obra maravilhosa? Pense bem. Não se deixe levar pelo sentimentalismo fácil. Ela tratava de corpos? Ótimo, isso é uma coisa necessária. Mas, no processo, o espírito de quem estava sendo purificado, expandido, elevado, burilado? Por meio do exercício do amor ela cumpria a missão de sua vida: a transcendência dos limites da materialidade. Pode ser que, no caminho, ela tenha influenciado *espiritualmente* muitas daquelas pessoas. Ou não. Ela, porém, era sempre beneficiada. E é isso que você precisa fazer: elevar-se além dos limites da materialidade, dos limites do comer, dormir, transar e ganhar dinheiro. Sua missão nesta vida é a mais importante do planeta e é muito pessoal, muito individual, embora esteja indissoluvelmente ligada à missão e à vida de todos os outros seres. Sua missão é *você*.

Atalho 122

Mudança versus Transformação.

Como costumava dizer Artur da Távola, "*mudança* pressupõe corte, enquanto que *transformação* indica um processo."

Na mudança há uma alteração brusca, um deslocamento, uma apresentação sob outro aspecto. Na *transformação*, que em geral é mais lenta justamente por tratar-se de um processo, acontece uma conversão. A mudança é externa, a transformação é interna. A mudança pode acontecer em um instante, mas a transformação requer trabalho, conscientização, desejo profundo. Mudar e des-mudar podem ir e vir ao sabor das circunstâncias, mas a transformação não tem volta, ela vai tomando conta de você e, finalmente, passa a ser *você*. Você é aquilo em que se transforma. Quando sofre uma transformação, não sabe mais ser como era antes. Depois de passar vários anos internalizando a Invocação do Ponto de Luz, que diz "estou envolvendo todos os meus irmãos, de todos os reinos e dimensões, em um círculo de aceitação e de amor", como vou conseguir julgar e condenar qualquer pessoa? Posso até brigar, ficar com raiva por alguns momentos, entrar na onda dos que estão comentando os fatos, mas não consigo deixar de jogar a luz da compreensão sobre as pessoas que estão sendo julgadas. Lá no fundo, existe aquele sentimento de "aceitação e de amor." A transformação é um processo difícil? Nem tanto. Basta ter o desejo, e tudo o mais virá por tabela. Você pode mudar de casa, de roupa, de carro, de amigos, e isso é divertido, mas no momento em que passa por uma transformação, os céus se abrem e os anjos cantam "Hosana!" E ninguém consegue des-mudar isso.

Atalho 123

Quem são seus mestres?

Nossos mestres são todos aqueles que nos irritam, que nos criticam, que nos aborrecem, que são injustos conosco, que tentam prejudicar-nos, que nos roubam, nos insultam, nos difamam, nos invejam, nos ridicularizam, tentam impedir nosso crescimento espiritual, procuram dificultar-nos a vida... Bem, você já entendeu, não é? Essas pessoas são verdadeiros mestres, porque são elas que nos mostram como não devemos ser, as atitudes que precisamos evitar, a compreensão que devemos desenvolver, a boa vontade que precisamos exibir, a sabedoria do equilíbrio, a beleza da lealdade, a importância da justiça, a força do amor. Quando encontrar uma dessas pessoas que realmente tiram você do sério, lembre-se de que está diante de uma oportunidade sem igual: a oportunidade de aprender, de exercitar a boa vontade, a compreensão, a sabedoria, o equilíbrio, a lealdade, a justiça e, acima de tudo, o amor.

Atalho 124

Qual é sua bem-aventurança?

Ouvi uma entrevista com o cantor Milton Nascimento, em que ele contava que sempre lhe fora dito que a missão dele na vida era fazer uma determinada coisa, e que, por mais que evitasse, iria acabar no lugar que lhe estavam indicando. Isso o preocupava muito, pensando que talvez estivesse falhando e deixando de cumprir o que lhe fora destinado. Até que um dia, numa apresentação pública, começou a perceber a alegria das pessoas enquanto o ouviam cantar; observou seus sorrisos, sua expressão de felicidade. E naquele momento ele compreendeu qual era seu quinhão na vida, o que ele tinha que fazer: compreendeu que aquela era sua tarefa. Há quem chame isso de bem-aventurança. Qual é a sua bem-aventurança? O que é que o faz profundamente feliz e, ao mesmo tempo, contribui para a felicidade alheia? Quando perceber que está sempre sorrindo com alegria e espontaneidade, é porque encontrou sua bem-aventurança. Curta e espalhe essa felicidade.

Atalho 125

Concentre-se no presente. O passado e o futuro são imaginação – imagem-em-ação.

Apenas o presente é real. O passado e o futuro não passam de imagens dançando em nossa mente. Essas imagens, contudo, nos parecem mais relevantes que a realidade do momento. Por que será? Ou é porque somos saudosistas e superestimamos o passado, ou é porque o futuro dá espaço para a fantasia. Assim, escapamos do que é real, do nosso momento, preferindo vaguear pelas lembranças do passado ou pelas hipotéticas imagens do futuro. E a energia que poderíamos utilizar para a realização ou *ação-real*, se perde nos meandros de nossa imaginação. Portanto, concentre-se no presente, em sua vida atual. Dedique sua energia ao que está acontecendo no momento, não a desperdice em devaneios. O presente é o que você tem nas mãos, é um presente da vida para você, é seu ponto de poder. O poder está no agora, não no ontem nem no amanhã, porque o futuro só é futuro em relação ao que definimos como momento presente. E o mesmo acontece com o passado.

Atalho 126

O presente é o momento de poder.

São suas crenças, decisões e atos no momento presente, a respeito de si mesmo e do mundo que o cerca, que lhe dão o que você tem e fazem de você o que você é. O ambiente e a situação em que se encontra refletem, de maneira direta, seu comportamento mental e físico do momento. Podemos definir o presente como a área ou o âmbito de nossa atenção imediata. O que chamamos de futuro só é futuro em relação ao que definimos como momento presente. O mesmo acontece com o passado. As pessoas que se concentram no passado ou no futuro diminuem seu poder e sua eficiência no presente. O Imperador Meiji, do Japão, (proclamado imperador em 1867) preocupava-se muito com o bem-estar espiritual de seu povo. São de sua autoria os cinco princípios que difundiu durante o tempo em que governou o país. Cada um deles começa com as palavras "Somente hoje...". Ontem já ficou para trás e não podemos retornar a ele, e amanhã pode nem chegar. Só temos o hoje, o agora, e precisamos tornar esse agora muito significativo, precisamos concentrar-nos nesse agora, porque ele é o único momento em que temos o poder em nossas mãos, em que temos a oportunidade de fazer, de executar, de sentir, de perceber, de dar nossa contribuição. "Somente hoje... não se irrite, não se pré-ocupe, demonstre seu apreço, trabalhe com afinco, seja bondoso." Sábias palavras de um imperador.

Atalho 127

Preste atenção às coisas melhores; concentre-se nas boas lembranças.

Temos a tendência de considerar grandes as pequenas coisas, e pequenas, as grandes. Por que será? Uma lembrança boa é apenas uma boa lembrança, mas uma lembrança ruim é um pesadelo do qual não conseguimos nos livrar. Mas será que realmente não podemos, ou simplesmente não queremos? Alimentamos as lembranças desagradáveis para que elas, por sua vez, nos alimentem. Pense em como se sentiria perdido sem suas reclamações, sem suas mágoas, sem suas vingancinhas arquitetadas na calada da noite. Todas essas coisas não lhe dão prazer, não o alimentam? É claro que sim. Então, para que deixar de prestar atenção a elas? Para que começar a atentar naquilo que é agradável, nas memórias aprazíveis, nas coisas boas que os outros nos fizeram, nas qualidades observadas naqueles que nos rodeiam? Deixe para trás as más lembranças e proponha-se a prestar atenção às coisas melhores, a concentrar-se nas boas lembranças. São elas que devem alimentá-lo, são elas que o levarão para frente, são elas que o tornarão mais feliz.

Atalho 128

Boa vontade.

A boa vontade é uma entrega, uma dádiva, uma contribuição. Quando nos dispomos a fazer alguma coisa em benefício de alguém ou de algo, sem estresse, sem restrições, sem reclamações, sem revolta, sem atritos, estamos realizando um ato de boa vontade, fazendo uma entrega, o que significa utilização de nosso tempo, nossa capacidade, nosso conhecimento, em prol de algo que é importante para alguém. Essa entrega se transforma numa dádiva para a pessoa ou a obra beneficiada. Ao mesmo tempo, estamos também fazendo uma contribuição para o universo, espalhando a energia da solidariedade, do entusiasmo, do amor. Conheço um homem que há muitos e muitos anos, todas as noites, faz um tratamento de Reiki à distância para pessoas doentes que lhe enviam seus nomes. A lista é sempre renovada com pedidos de ajuda de gente de toda parte. Não há nada que o afaste desse trabalho. Aquele tempo é sagrado para ele. Isso é boa vontade. E você? É comodista demais para exercitar sua boa vontade? Tem preguiça de fazer qualquer coisa que não seja em benefício próprio? "Boa vontade" também pode ser um termo substituto para "perdão" e para "tolerância", palavras que, às vezes, carregam um leve toque de arrogância. Não se escandalize! O perdão e a tolerância dão ideia de favor: você, do alto de sua superioridade, concede, com magnanimidade, o seu perdão ou a paciência de sua tolerância a alguém que, em sua inferioridade, "pecou" contra você. É sempre de cima para baixo. A boa vontade, por sua vez, indica uma vontade de contribuir para algo bom. É uma vontade boa. Não é à toa que se proclama "Paz na terra aos homens de boa vontade." Portanto, levante-se dessa cadeira e mexa-se! Desligue a televisão, olhe à sua volta e irá descobrir uma porção de maneiras de demonstrar boa vontade.

Atalho 129

Não se afobe, não fique ansioso.

Você acha que sua afobação vai fazer com que as coisas corram melhor? Que vai ajudá-lo a resolver seus problemas? Que vai apressar seus preparativos? Que vai dar um gosto especial aos pratos que está preparando para seus convidados? Que vai levá-lo a fazer boas compras? Ah, que ilusão! A afobação cria ansiedade. Ou será o contrário? E a ansiedade gera uma angústia totalmente desnecessária. Já ouviu Paulinho da Viola cantar "Faça como o velho marinheiro que, durante o nevoeiro, leva o barco devagar"? Pois é. É justamente nos momentos de crise que precisamos manter a calma, fazer as coisas no tempo certo, sem ansiedade. De que adianta você ficar acordado até meia-noite para saber se o dinheiro que está esperando entrou na sua conta nos primeiros segundos do novo dia? Não é melhor ter uma boa noite de sono? O que vai fazer com seu dinheiro à meia-noite? E se estiver preparando um jantar para suas visitas, que prazer poderá sentir se ficar afobado e ansioso? Aprenda a curtir as coisas que faz, a fazê-las com calma, sem afobação, sem cansaço desnecessário, sem estresse. Se o pudim quebrar ao ser desenformado, bata-o no liquidificador e sirva-o em taças. Aprenda a improvisar, a divertir-se com as coisas que não saem do jeito que você esperava. Faça de sua festa uma festa, não uma tragédia. Faça de seu trabalho um trabalho, não um fardo. Faça de seu casamento um casamento, não uma prisão. Faça de seus estudos um mundo novo, não uma obrigação. Aprenda a viver sem afobação nem ansiedade. Quando houver nevoeiro, leve o barco devagar. Vai ver como é muito mais prazeroso.

Atalho 130

Não queira levar vantagem em tudo...

Uma das características de nosso tempo é a mania que as pessoas têm de querer levar vantagem em tudo. Hoje, muita gente gosta de furar fila, de enganar no peso, de vender coisas de qualidade inferior, de cobrar demais, de dar troco de menos, de fazer propaganda enganosa, de se fazer passar pelo que não é, enfim, de ludibriar o próximo de todas as maneiras possíveis e imagináveis. E há até aqueles que se gabam de sua esperteza! Você não faz nada disso, não é? Porque, se fizer, saiba que sua *esperteza* não passa de pobreza de espírito, de mesquinharia, de desonestidade. A integridade é fundamental, porque ela é uma manifestação de caráter, de espiritualidade, de inteireza de espírito, de dignidade, de lealdade, de amor ao próximo, de respeito por si mesmo. Quando você fura uma fila e se acha muito esperto, está desrespeitando a si próprio e, pouco a pouco, essa desonestidade causará uma transformação da qual será muito difícil libertar-se. Espere sua vez na fila, devolva o troco que lhe deram a mais, quando vender alguma coisa, não disfarce os defeitos do que está vendendo, não minta a respeito de sua experiência profissional, não estacione de modo a atrapalhar as pessoas, não se faça de santo, não afirme que viu o que não viu só para impressionar os incautos, não passe cheques sem fundo, não diga que seu filho é o primeiro da classe (mesmo que seja, para que humilhar os outros pais?), não compre um carro caro só para impressionar os vizinhos, não, não, não! Seja verdadeiro, seja sério, seja íntegro, seja simples, seja puro, seja o que o divino sabe que você pode ser. E boa sorte!

Atalho 131

Carma: conjunto das ações dos homens e suas consequentes transformações.

Sempre detestei a palavra *carma*, porque acho que carrega um peso, um fardo, uma infelicidade inescapável, uma resignação. Sempre que alguém se vê numa situação aflitiva, num beco sem saída, afirma, com aquele tom melancólico, como se falasse de uma herança maldita: "É meu carma!" A palavra *carma* vem do sânscrito *karman*, que significa *ação*. Na verdade, o que é nosso carma senão aquilo em que nossas ações (sejam elas exteriores ou interiores) nos transformam?

Somos fruto de nós mesmos. Quando nascemos, trazemos conosco aquilo em que nos havíamos transformado, carregamos a nós mesmos para esta vida. Não temos que pagar nada, temos apenas que aprender, que nos transformar, porque cada dia é a base de um outro dia, cada vida, a base de uma outra vida. Ao praticarmos uma boa ação, estamos nos transformando numa pessoa melhor, dando um passo à frente, e o resultado dessa transformação é a nossa herança, nosso carma, pois vai determinar os rumos de nosso caminho eterno.

Atalho 132

Muita informação, pouco conhecimento, nenhuma sabedoria.

"*Informação*: dados acerca de alguém ou de algo; comunicação ou notícia trazida ao conhecimento de uma pessoa ou do público. *Conhecimento*: prática da vida, experiência; discernimento, critério, apreciação; consciência de si mesmo. *Sabedoria*: qualidade de sábio; prudência, moderação, temperança, reflexão, sensatez." Essas foram algumas das definições encontradas em um dicionário. Deixo com você as palavras que ouvi de uma outra pessoa: "As escolas hoje transmitem muita informação, pouco conhecimento e nenhuma sabedoria." Podemos substituir a palavra *escola* por jornais, revistas, programas de televisão, filmes, e por aí vai...

Atalho 133

Democracia espiritual.

Você é daquelas pessoas que acreditam que a sua é a única igreja verdadeira sobre a face da terra, que acreditam que só elas serão salvas, que suas crenças são o começo, meio e fim da espiritualidade, que todas as outras pessoas estão erradas e, portanto, sujeitas ao fogo do inferno; que elas perderam a salvação, que só poderão ter alguma chance de bem-aventurança caso trilhem o caminho que você teve a "bênção" de encontrar? Acredita que Deus lhe dedica um carinho especial porque você segue "seus" ensinamentos? Acha que todos devem acreditar no deus em que você acredita, embora você mesmo não saiba exatamente como defini-lo? Por acreditar em um deus externo, não consegue entender aqueles que percebem o Deus interno? Considera blasfêmia tudo aquilo que vai de encontro a sua verdade? Teme as manifestações de crenças diferentes das suas? Você precisa compreender que a espiritualidade é uma coisa muito pessoal, que a verdade tem muitas faces, que cada um tem o direito e o poder de buscar seu próprio caminho e de seguir aquilo que lhe toca o coração, de abrir-se a sua própria bem-aventurança, de ser o que é. Se você não entende essa verdade, está mirando o alvo errado, está cedendo ao orgulho e à arrogância espiritual. Eu conheço bem esse terreno, porque já estive lá. No momento, porém, em que descobri que a democracia espiritual é o único caminho e que a liberdade interior é um bem supremo, portas maravilhosas abriram-se para mim e tornei-me uma pessoa muito mais feliz. Pare de julgar, pare de achar que é especial aos olhos de Deus, pare de achar que as pessoas são castigadas por não seguirem o caminho que você escolheu (ou que lhe foi imposto, pense bem!). Outro dia, quando uma pessoa percebeu que eu não estava sendo convertida às coisas que me dizia, perguntou, numa última esperança de salvar-me: "Mas pelo menos em Deus você acredita, não é?" Ah, como desejei poder tirar-lhe a venda dos olhos para que ela enxergasse meu coração!

Atalho 134

Autoridade – Autor-idade – Qualidade de "autor"?

Existem dois tipos de *autoridade*: autoridade externa e autoridade interna. A externa é quando você transfere ou cede seu poder de decisão para outra pessoa, e a interna é quando você o conserva para si. *Autoria* e *autor* são palavras que, quando prestamos atenção, nos remetem a um conceito de *autoridade* que não nos havia ocorrido antes. *Autoria* e *autor* nos fazem pensar imediatamente em *criação*. Falar com autoridade significa falar com a certeza de que nossas palavras produzirão um resultado, ou seja, criarão aquilo que estamos expressando. Gostaria de alcançar milagres? Profira suas orações e invocações com autoridade, não como um pedido choroso de socorro. Nossas invocações ou afirmações na forma de súplicas lamuriosas não produzem efeito. É preciso fazê-las com autoridade confiante, para que as palavras proferidas com autoridade tenham o poder de criar aquilo que você quer. Tome as rédeas de sua vida e decida para que lado deseja ir. Não fuja da responsabilidade de criar o seu caminho.

Atalho 135

Não seja inflexível.

Certa vez, organizei uma exposição de artigos natalinos e dei algumas instruções às pessoas que iriam confeccioná-los. Havia uma arvorezinha que era o meu xodó e que devia ser feita de certa maneira. A pessoa encarregada do trabalho apareceu com uma árvore completamente diferente do que eu imaginara e, no momento, fiquei tão frustrada que não consegui ver a beleza daquela criação independente. Isso acontece na vida de todos nós. Esquecemo-nos (ou talvez nem saibamos) de que há várias maneiras de fazer a mesma coisa, que todo problema tem mais de uma solução, que existem várias técnicas de cura, várias abordagens espirituais, vários métodos de pesquisa etc., etc. Se o universo é tão vasto, tão diversificado, se é infinito o número de estrelas no céu, se existe tanta variedade no mundo animal, no mundo vegetal e no mundo mineral, se um rosto nunca é exatamente igual a outro, se cada cor tem infinitos matizes, por que nos fixamos teimosamente numa crença, numa religião, num estilo de vida, numa filosofia, numa dieta, num tipo de música, numa raça? A diversidade, a multiplicidade, a liberdade de escolha são fundamentais em nossa vida, abrem-nos o caminho do livre-arbítrio, da livre escolha, de mudanças maravilhosas que nos levam além das fronteiras da mente e do espírito. Não seja inflexível. Se alguém conseguir chegar ao mesmo ponto do caminho mais depressa que você, abra os olhos e o coração para intuir novas formas de pensar, de fazer as coisas, de amar, de viver.

Atalho 136

Críticas.

O que costumamos criticar nesta vida? Nosso vizinho, nosso cônjuge, o governo, o tempo, o técnico de futebol, o vendedor, o chefe, os empregados, a sogra, os professores, os colegas de trabalho, a comida, o carro? Sei lá. Acho que a lista é interminável. Você já experimentou fazer o contrário? Elogiar o vizinho, o seu cônjuge, o governo, o tempo, o técnico da seleção, o vendedor, o chefe, os empregados, a sogra, os professores, os colegas de trabalho, a comida do restaurante, o seu carro? Toda vez que fazemos uma crítica cria-se uma tensão em nosso corpo, e toda vez que fazemos um elogio, nosso corpo relaxa. Quando critica diretamente uma pessoa que valoriza sua opinião, a tendência é que o comportamento que você criticou seja reforçado. Quando critica uma pessoa que não dá a mínima para sua opinião, a tendência é que sua crítica não tenha nenhum efeito, a não ser sobre você mesmo. Se, contudo, elogiar certo comportamento, irá reforçá-lo e contribuir para um bem maior: seu e da pessoa em questão. Dizem também que se você criticar a chuva, ela fará exatamente o que não deseja que faça, mas, se elogiá-la, choverá apenas o necessário. Sempre reforçamos aquilo contra o que lutamos. Portanto, elogie, relaxe e seja mais feliz.

Atalho 137

Visões.

Sempre me lembro de Joel Goldsmith, que dizia que ter visões não é sinal de espiritualidade: o que você faz com as visões que tem é que vai determinar sua espiritualidade. Os xamãs também dizem que não há vantagem em ter visões, a menos que se possa usá-las em benefício de algo. Há uma história muito divertida a respeito de um mestre zen, Dogen, que, quando procurado por um aluno que lhe contou ter tido, durante a meditação, uma visão de Buda envolto em luz brilhante, respondeu: "Concentre-se em sua respiração, que ela desaparecerá." Quando ouço relatos de experiências espirituais, sempre digo que a melhor maneira de saber se aquela experiência foi realmente válida, é perguntando: "A experiência provocou na pessoa uma transformação permanente? Fez dela uma pessoa melhor? Mudou seus paradigmas, seus parâmetros espirituais? Trouxe-lhe um novo conhecimento, uma nova compreensão?" As experiências passageiras, especialmente as provocadas por alguma emoção do momento e que não trazem uma transformação profunda, são apenas fruto da imaginação, ou de nossa vontade, ou de nossa condição emocional. Cuidado para não confundir uma experiência sagrada transformadora com um ataque de choro, geralmente causado por um desequilíbrio emocional. Já ouvi muita gente dizer, como se fosse uma grande vantagem: "Ah, eu choro à toa." Choro não é sinal de espiritualidade nem de bondade nem de solidariedade. É apenas uma reação emocional – e não espiritual.

Atalho 138

Alienação.

Quantas vezes na vida você teve a sensação de "não pertencer", de não fazer parte de alguma coisa que o tocava de perto, que você admirava e que talvez até amasse, mas que, apesar de seus esforços de aproximação, parecia excluí-lo, parecia não ter nenhum interesse em sua participação, não retribuir o amor que você lhe dedicava? Pode ter acontecido na escola, na própria família, no clube, na igreja, entre vizinhos, em seu país, em reuniões sociais, sei lá, são tantas as circunstâncias possíveis. Essa sensação de não pertencer é terrível e pode levar-nos a um estado de alienação, quando passamos a demonstrar uma indiferença que oculte nossa atração pelo que, aparentemente, nos rejeita. Aí passamos a dizer a nós mesmos que aquilo na verdade não é importante, e começamos a nos fechar em nós mesmos, alienando-nos do que nos faz sofrer. Sabe de uma coisa? É hora de você parar de sofrer, de acabar com esse isolamento, de buscar outros campos de interesse, outros amigos, outra turma, outra galera, talvez outra cidade ou até mesmo outro país. Pare de dormir horas seguidas, de evitar lugares movimentados, de esconder-se atrás de óculos escuros, de desviar-se de seu caminho para não encontrar os que o rejeitam. Porque, na verdade, ninguém rejeita você. O que acontece é que as pessoas não pertencem todas ao mesmo grupo. Se procurar com entusiasmo, porém, vai encontrar pessoas que lhe serão familiares embora nunca as tenha visto, gente que busca o que você está buscando, que sente o que você está sentindo. Passei grande parte de minha vida em uma igreja na qual, embora muito ativa, nunca me senti "em casa." De repente, encontrei um grupo que estudava um determinado ensinamento e... eureca! Estava em casa, estava com meus irmãos de alma, com meu mestre, com a estrela de minha vida. Foi uma sensação maravilhosa, indescritível, que me levou talvez aos melhores anos de minha vida espiritual. Sentia-me amada, aceita sem restrições, minha alma abriu-se para aprender e minha vida transformou-se totalmente: para melhor, muito, muito melhor. Portanto, existe um caminho também para você. De repente, ele vai surgir na curva da sua estrada. Não finja que isso não o faria feliz.

Atalho 139

Crítica construtiva?

A tão aclamada crítica construtiva, usada como desculpa para dizermos o que bem entendemos a uma pessoa, de construtiva mesmo não tem nada. A crítica sempre incomoda, provoca uma reação negativa e deixa a pessoa criticada com um pé atrás. A desculpa é sempre: "Ah, mas foi uma crítica construtiva!" Quem lhe deu autoridade para criticar os outros, para dizer a uma pessoa o que ela não deve fazer, o que não deve usar, o que não deve dizer? Caso ela lhe peça um conselho, simplesmente responda:

"Eu faria de tal jeito, mas você é outra pessoa, com objetivos e experiências diferentes das minhas, portanto pense bem no que é que você deseja fazer, pois a decisão deve ser sua." Existe coisa mais desagradável do que uma pessoa chegar para a outra e dizer: "Credo! Você está vendo novela?" ou "O café em sua casa é muito forte!" ou "Não gosto do seu vestido." ou "Seu namorado não é lá essas coisas." ou "Como você engordou!" Realmente acredita que sua crítica *construtiva* irá fazer a pessoa desistir de ver novela, diminuir o pó de café, mudar o guarda-roupa, trocar de namorado ou fazer regime para emagrecer? Doce ilusão!

Atalho 140

Perdão versus **Absolvição**.

Quando dizemos "Eu te perdoo", estamos afirmando que, apesar de condenada em virtude de seus atos, aquela pessoa está recebendo a dádiva maior de nossa magnanimidade – nosso perdão. O perdão pressupõe pena, remissão de culpa. E a culpa, muitas vezes, está apenas na nossa cabeça. Como disse o Mestre, "quem estiver sem pecado, atire a primeira pedra". A absolvição significa o reconhecimento da improcedência da ação penal. Trocando em miúdos: A crítica mantém a pessoa criticada prisioneira de seus erros. A absolvição não reconhece culpa. O perdão, ao contrário, estabelece uma culpa. No perdão existe uma condenação, mas a absolvição traz libertação, a ideia de que não houve culpa, talvez apenas um engano, uma interpretação errônea, um mal-entendido, o reconhecimento de que estamos todos no mesmo barco, praticamos todos as mesmas mesquinharias, cometemos todos os mesmos enganos. A absolvição é muito maior que o perdão.

Bloco 8
(Atalhos 141 a 160)

141. A verdade não tem vínculos, 145
142. A bênção xamânica, 146
143. Amar + Gostar, 146
144. O que é realmente seu, 147
145. O maná que caiu ontem..., 148
146. Individualidade versus Personalidade, 149
147. Busca intelectual versus Busca espiritual, 150
148. Desconstruir para reconstruir, 150
149. Ego-ismo versus Altru-ismo, 151
150. Hierarquias, 152
151. As crises de cada dia, 152
152. O ego em termos do dia a dia, 153
153. Nascemos nus, 154
154. Não podeis servir a dois senhores..., 155
155. Fiat Lux, 155
156. O talento da perseverança, 155
157. Não cisque: Voe!, 156
158. Os construtores que destroem, 157
159. O Marco Zero de nosso ser, 158
160. Deus é pessoal, 159

UAXAC

Atalho 141

A verdade não tem vínculos.

A verdade não tem vínculos com família, com igrejas, com a pátria, com amigos. Ela é absoluta em seu poder. Não pode ser manipulada, não pode ser usada para manipular, não pode servir a fins ilícitos, não pode ser comprometida. Não podemos distorcer a verdade para que ela se encaixe em nossas conveniências nem para agradar a quem quer que seja. É preciso preservar nossa integridade espiritual, o compromisso que temos com nossa verdade interior. Quando a verdade nos chega e tomamos consciência dela, é importante metabolizá-la, de modo que passe a fazer parte de nós. Ela precisa ser assimilada pela totalidade de nosso ser. Como atraímos a verdade? Em primeiro lugar, com nosso desejo profundo e honesto de conhecê-la, venha ela como for, mesmo que contrarie todo o nosso pseudoconhecimento anterior, que nos leve a abandonar velhas crenças ou paradigmas, a virar nossa alma do avesso, a isolar-nos do mundo, a separar-nos de antigos companheiros de jornada, a transformar-nos em párias da religião organizada ou da sociedade em que estamos inseridos. Tudo isso vale a pena quando recebemos (ou inspiramos) um conhecimento novo, quando o júbilo do testemunho espiritual nos enche de luz. Em segundo lugar, recebemos a verdade pela meditação auscultatória, quando, no silêncio de nosso coração, pedimos: "Fala, Pai, o teu servo escuta." E, milagrosamente, o quinhão de conhecimento **que nos cabe naquele**

momento explode dentro de nós, e então nós **sabemos**, sem dúvidas nem reservas, que a verdade nos atingiu, e que nada nem ninguém, neste mundo ou fora dele, poderá tirar-nos a certeza daquele conhecimento.

Atalho 142

A *bênção xamânica*.

No Havaí, antigamente, era costume rogar pragas aos inimigos. E contam que essas pragas eram sempre contrabalançadas por uma bênção, ou seja, a reação a uma afirmação negativa era sempre uma resposta afirmativa. Se alguém dizia "Sejam amaldiçoadas as suas colheitas," o dono das plantações replicava: "Que minhas colheitas sejam prósperas." Dessa forma, a maldição era anulada pela bênção, a crítica, pelo elogio, o negativo, pelo afirmativo; a energia era imediatamente transformada pelo sentimento positivo. E se tentássemos isso hoje? Se, em vez de nos aborrecermos com as críticas, nós as convertêssemos em certezas, alegrias e bom humor? Você consegue? Pelo menos tente.

Atalho 143

Amar + Gostar.

Não basta *amar* uma pessoa, é também imprescindível *gostar* dela. Quantos amores e quantas paixões terminam em desavença, em separação, até mesmo em ódio? Isso acontece porque, quando nos apaixonamos por uma pessoa, nós nos esquecemos de que ela é apenas um ser humano, com atributos que podem nos parecer defeitos, que podemos considerar desagradáveis na convivência diária. E, à medida que o tempo passa, esses traços se acentuam e se tornam cada vez mais desagradáveis, e descobrimos, de repente, que *amar* não basta, que é preciso também *gostar*. Por isso, seria ótimo se a amizade viesse antes do amor, mas como isso é difícil, é necessário desenvolver a amizade dentro do amor. Na verdade, o ideal seria que o amor entre duas pessoas representasse o Amor ideal, o Amor com A maiúsculo, mas o amor-paixão dificilmente se reveste, no início, principalmente, de sabedoria e bom senso. Como diz o ditado, "o amor é cego." Com o tempo, precisamos desenvolver a amizade, que inclui aceitar e entender a outra pessoa como ela é, e não como imaginamos (ou fantasiamos) que ela seria.

Atalho 144

O que é realmente seu?

Aparício Fernandes, um famoso trovador do nordeste brasileiro, canta: "Há muita gente vaidosa, seguindo o exemplo da Lua; e refletindo, orgulhosa, uma luz que não é sua..." Em um nível superficial, isso realmente pode acontecer. Quantas vezes repetimos frases alheias como se fossem realmente nossas... ensinamentos alheios como se fossem nossos... ideias alheias como se fossem nossas... Nada disso, porém, é necessário. Temos dentro de nós mananciais inimagináveis de conhecimento, de sabedoria, de luz. E é tão lindo buscarmos nessa fonte própria aquilo que pode salvar, pode instruir, pode alavancar. Basta que nos voltemos para dentro, com absoluta honestidade e desejo de aprender, com humildade verdadeira, com uma mente aberta e amor genuíno, para encontrarmos a ideia certa, a frase apropriada, o consolo redentor, o ensinamento iluminado. A imersão constante na luz prepara-nos para servir.

Atalho 145

O maná que caiu ontem não é o maná que cai hoje.

Uma das coisas mais difíceis na vida é treinar o desapego. Agarramo-nos a tudo: a nossos bens materiais em primeiro lugar, mas também a nossos relacionamentos, por mais gastos que estejam, a nossa cultura, a nossos costumes e, especialmente e com muita força, a nossas crenças tradicionais. É muito comum ouvirmos a afirmação 'Nasci assim, vou morrer assim'. Fechamo-nos a tudo que é novo, a tudo que é inédito, porque o novo nos assusta. Sentimo-nos muito mais seguros apegados aos velhos costumes, aos velhos hábitos, ao velho 'deus' de barbas brancas que nos castiga ou nos abençoa. Tentamos nos alimentar com o maná que caiu ontem, sem pensar que ele serviu para aquele dia, mas que o maná de hoje é o que vai nos sustentar no momento presente. Talvez ele seja parecido com o de ontem, ou talvez seja completamente novo, com sabor, textura e cheiro diferentes. No caminho espiritual, é muito importante nos abrirmos para as transformações que, muitas vezes, requerem uma visão nova, novos paradigmas, nova compreensão, uma nova maneira de pensar e de sentir. A fé cega muitas vezes precisa ceder lugar a uma consciência mais profunda, a uma integração sem reservas com o divino, a uma busca interior honesta que, muitas vezes, nos surpreende, levando-nos a percepções inimaginadas.

É preciso ter a coragem de abdicar de velhas crenças, coragem de abrigar um novo saber, uma nova consciência. O maná de ontem caiu ontem, mas hoje há um novo maná: saboreie-o, digira-o e aceite-o sem medo, sem reservas, com a coragem de um pioneiro.

Atalho 146

Individualidade versus *Personalidade*.

A individualidade é aquilo que é único em você, que distingue você das outras pessoas. Na individualidade existe uma indivisibilidade, que é a sua essência, aquilo que você realmente é. No entanto, encoberta pela personalidade, que se alimenta da imaginação e da mentira em que o homem vive, a individualidade não se manifesta, não fica à mostra. Por outro lado, a personalidade não é o que somos, mas é fruto das múltiplas influências sofridas a partir do nascimento. Ela é adquirida ou formada pouco a pouco. A individualidade é de dentro, a personalidade é de fora. Uma é interior, a outra, exterior. Para acessar essa individualidade ou indivisibilidade, o homem precisa fazer um trabalho sobre si, precisa fortalecer a vontade para não ficar à mercê dos desejos. Também neste caso, a vontade vem de dentro e o desejo vem de fora. Os desejos vêm e vão, mas a vontade é fruto da consciência ou conscientização de nossas possibilidades. Dê menos atenção aos desejos a fim de desenvolver a vontade.

Atalho 147

Busca intelectual versus *Busca espiritual.*

Muita gente confunde a busca espiritual com uma busca intelectual no campo da espiritualidade. Na busca intelectual (supostamente espiritual) a pessoa deseja obter informações cada vez mais detalhadas de um número cada vez maior de ensinamentos. Para tanto, frequenta os mais diversos cursos, lê tudo que lhe cai nas mãos, torna-se um "turista espiritual" que vai de um lado a outro sem nada assimilar nem viver. O ensinamento que não é vivido não tem nenhum valor, passando a ser simplesmente mais uma *conquista intelectual*. A pessoa que está numa busca espiritual, por outro lado, preocupa-se em ouvir ou ler com o coração, em assimilar o ensinamento, em vivê-lo no seu dia a dia. "Quem não se tornar como uma criancinha, não poderá entrar no reino dos céus", ou melhor, quem não souber ouvir com simplicidade, com o coração aberto (não com a mente), jamais entenderá qualquer princípio espiritual nem alcançará o seu significado maior. Busque espiritualmente, sem se preocupar em alimentar demais o intelecto. Lembre-se de que você precisa se *transformar* no ensinamento.

Atalho 148

Desconstruir para reconstruir.

Não se põe remendo novo em pano velho, é preciso estar disposto a abrir mão do que temos na mão, é preciso aprender a desconstruir aquilo que foi sendo construído por influências externas, os clichês espirituais que nos mantêm escravos do que soa bem aos ouvidos do mundo, o que nos amarra a velhos hábitos, o que agrada aos "representantes" de Cristo, a velha fé que não move montanhas, a ideia de que nascemos para sofrer, a esperança de sermos os "escolhidos", a caridade externa que muitas vezes falha, as orações que não passam do teto. Só então estaremos prontos para reconstruir, e essa reconstrução certamente será feita em bases muito mais conscientes, mais profundas, mais verdadeiras, mais sólidas. Garanto que essa reconstrução, sim, é que move montanhas.

Atalho 149

Ego-ismo versus *Altru-ismo*.

O egoísmo (ego-ismo) visa apenas a si mesmo, o altruísmo (alter-ismo) visa o outro. Já dissemos que o segredo do universo é caminhar com as duas pernas. No entanto, nossa tendência é colocar todo o peso do corpo numa perna só. Ou pensamos apenas em nós mesmos ou pendemos exageradamente para o outro lado, esquecendo-nos de nós e percebendo apenas as necessidades alheias. Mais uma vez, lembre-se da importância do equilíbrio. Conheci uma mulher casada com um homem beberrão, egoísta e mulherengo. Cuidava dele como se fosse um rei: café na cama, comidinha bem servida, roupa perfumada e impecável, enfim, todas as mordomias que lhe era possível proporcionar. Um dia, com muito orgulho, ela me disse: "Minha missão na vida é cuidar do meu marido!" Fiquei pasma. E ela? Ela simplesmente não existia para si mesma. Não confunda altruísmo com *desamor próprio*. Busque sempre o equilíbrio. Você também é importante.

Atalho 150

Hierarquias.

As hierarquias espirituais representam apenas uma distribuição de tarefas. Em nosso mundo material, o termo indica uma subordinação de poderes, uma graduação de autoridade. E subordinação, para nós, traz uma estranha sensação de distanciamento, de "você sabe com quem está falando?" Quando existe, porém, um propósito único, uma só vontade, um amor incondicional, hierarquia indica apenas um modo de trabalhar em conjunto, cada um fazendo a parte que lhe cabe, tendo em vista somente o exercício do amor e a vontade do divino.

Atalho 151

As crises de cada dia.

As crises são testes que verificam se estamos prontos para fazer aquilo a que nos propusemos, se podemos subir mais um degrau ou cumprir nossa missão e propósito de vida. Se não conseguimos ficar centrados durante uma crise, ainda precisamos amadurecer. Quanto mais avançamos no caminho espiritual, menor se torna a necessidade de testes. Sempre haverá momentos de dor e de perdas, mas já não serão testes: serão apenas o desenrolar da existência neste plano material. Procure manter o equilíbrio em todas as situações, para que a Luz se manifeste em seu dia a dia. Você está amparado pelos braços divinos do universo.

Atalho 152

O ego, em termos do dia a dia.

O ego, em termos práticos, é a importância que nos atribuímos em virtude de nossos bens materiais, de nossos talentos, de nossas posições, de nossos cargos, de nossa cultura ou intelectualidade, e até mesmo de nossa saúde. Esse ego, ou autoimportância, é considerado um dos maiores inimigos do homem. Ele ocupa duas faces da mesma moeda: existe o ego da superioridade e, no verso, o ego da inferioridade. No ego da superioridade nós nos sentimos melhores do que os outros, achamos que sabemos mais, que somos mais inteligentes, mais espertos, mais espirituais, mais importantes, mais tudo. Nesse caso, ele aparece até nas comparações mais corriqueiras, quando alguém se queixa de uma dor de cabeça e nós comentamos: "Que sorte a minha! Nem sei o que é isso!" No ego da inferioridade, que não deixa de ser uma forma disfarçada de orgulho, nós nos sentimos prejudicados, achando que não recebemos a atenção que merecemos, que não somos reconhecidos, que não somos valorizados. Cria-se então o complexo do 'coitadinho de mim...' Ambas as manifestações são indesejáveis, e é sempre bom lembrar o que dizia Huberto Rohden: "Nenhum elogio me faz melhor, nenhuma crítica me faz pior. Eu sou o que sou, diante de Deus e da minha consciência."

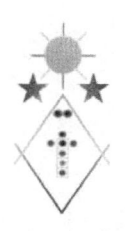

Atalho 153

Nascemos nus.

Todos nós nascemos nus – tanto fisicamente quanto espiritualmente. Nus, puros. Sem qualquer vestimenta. Entretanto, mal acabamos de nascer, somos embrulhados em fraldas, cueiros, casaquinhos, sapatinhos de tricô. Ao mesmo tempo começamos também a ser "embrulhados" nas crenças de nossos pais, nos credos e dogmas tradicionais. E, à medida que vamos ficando mais velhos, somos submetidos a batismos, bênçãos, comunhões, formaturas, casamento, quase sempre vestidos "adequadamente" para a ocasião. E, ao lado dessas vestimentas especiais, vamos também recebendo instruções de um clero organizado, representante de uma ou de outra classe sacerdotal. Aí nos submetemos às vestimentas das "autoridades" religiosas que, por sua vez, impõem aos fiéis o uso de roupas especiais, como aventais, fardas, *garments*, *yarmulkes*, *kipas*, batinas, e por aí vai. Fiquem muito atentos, porque essas vestimentas muitas vezes são instrumentos de manipulação, dando-lhes a falsa impressão de que vocês são pessoas "especiais", dignas de envergar um traje que as pessoas "comuns" não merecem usar. Não se deixem vencer pelo orgulho ou pela vaidade. Não cedam seu poder a ninguém que lhes diga que são "especiais." Não se deixem manipular.

Atalho 154

"Não podeis servir a dois senhores..."

Precisamos aprender a reconhecer as duas forças que existem dentro de nós: nosso *Eu* e nosso *ego*. O Eu é o que nós realmente somos, é o divino em nós, é Deus em nós, é a nossa essência. O Eu é profundo e reverente. Já o ego é adquirido, é divisível, ele é a ilusão: a ilusão do que somos, ou do que não somos, a ideia de que Deus é separado de nós, a crença de que somos seres desconectados. A quem vamos servir?

Atalho 155

Fiat Lux.

Nós estudamos, pesquisamos, meditamos durante anos, e não entendemos nada. De repente, num átimo de segundo, sem qualquer aviso prévio, o conhecimento explode dentro de nós, e tudo se torna claro, absolutamente compreensível e até óbvio. Fez-se Luz!

Atalho 156

O talento da perseverança.

É fácil fazer uma coisa durante um dia. É menos fácil fazer a mesma coisa por dois dias. É difícil fazê-la por dez dias, e é quase impossível perseverar nela pelo resto de nossos dias. Entretanto, a perseverança é indispensável quando nos propomos a alcançar um objetivo, seja no campo espiritual, seja em qualquer outra atividade que consideremos importante. A experiência só é alcançada por meio da prática constante. Às vezes traçamos uma meta que nos parece impossível de alcançar, dada a distância que nos separa dela. A verdade, entretanto, é que muitas vezes o caminho é mais importante que a chegada. É nesse caminho que adquirimos a experiência necessária, é nele que plantamos as sementes, fazemos nossas descobertas. Quando propus pela primeira vez o trabalho das Sete Iniciações do Amor de Cristo a um grupo de reikianos, todos ficaram entusiasmados. Ao descobrirem, porém, que o trabalho duraria sete semanas, sete meses e sete anos, acharam que eu estava delirando. Como iniciar um trabalho que só terminaria depois de todo aquele tempo? Neste ano, porém, estamos chegando ao fim das sete semanas, sete meses e sete anos, e aqueles que não desistiram sentem uma grande alegria, uma paz interior, uma certeza de que valeu a pena perseverar. Sempre vale a pena, se o objetivo é a evolução de nossa alma.

Atalho 157

Não cisque: Voe!

Era uma vez uma águia que foi criada num galinheiro cheio de galinhas, pensando ser uma delas. Certo dia um visitante, vendo a águia no meio das galinhas, admirou-se: "Mas essa é uma águia, não é uma galinha!" Ao que o granjeiro respondeu: "Mas ela pensa que é, e cisca como galinha, dorme no poleiro, não voa." O visitante, inconformado, resolveu levar a águia ao topo de uma escada, incentivando-a a voar. Soltou a águia que, desajeitada, caiu no chão. No dia seguinte, o homem pensou que talvez a altura não tivesse sido suficiente e levou a águia ao telhado da casa, novamente incentivando-a a voar. A pobre águia se estatelou no chão. Numa suprema tentativa, o homem levou-a ao topo de uma montanha e lá, colocando a águia de frente para o sol, disse-lhe: "Você é uma águia, nasceu para voar. Vamos lá, cumpra o seu destino!" Então a águia, soltando um grito magnífico, saiu voando em direção ao sol. E você? Sabe qual é seu destino? Sabe que nasceu para voar em direção ao Sol, em direção à Luz, rumo ao Infinito?

Atalho 158

Os construtores que destroem.

Quando uma pessoa impõe sua vontade ou suas crenças a outra, está destruindo possibilidades, embora, muitas vezes, pense estar ajudando. Achamos sempre que somos os donos da verdade, que os outros seriam mais felizes se pensassem como nós. E assim tentamos impedir que se desenvolvam, que descubram sua própria estrada, que busquem sua verdade, que evoluam dentro de seu próprio traçado de vida. Tornamo-nos "construtores" de caminhos alheios, impedindo o desenvolvimento natural de cada um. Só podemos construir por meio da liberdade, da total independência decorrente do livre-arbítrio de cada ser humano. Se não respeitarmos essa liberdade, nos tornaremos construtores ilusórios que, cegamente, destroem possibilidades alheias.

Atalho 159

Atingindo o Marco Zero de nosso ser.

Precisamos mergulhar no grande Nada, que é o Tudo, que é *Tudo o Que É*, ou *Aquele Que É*. Somente assim chegaremos à base de nosso ser, àquilo que realmente somos, o deus em nós, o divino em nós, o marco zero de nossa individualidade. Para alcançarmos esse estado, é preciso que nos libertemos de todos os pesos, das ilusões, do hipnotismo coletivo, do medo, da solidão, da fé cega, da dependência, de todos os ensinamentos exteriores, de todas as crenças, de todas as expectativas, dessa parafernália pseudoespiritual que nos traz uma falsa sensação de segurança. Apenas quando estivermos livres, confiando plenamente em nossa independência espiritual, teremos coragem e confiança para mergulhar no Nada, no vazio de Deus, no todo de Deus, no Nada que é Tudo, no Tudo que É, nAquele Que É. É aí que se encontra a verdadeira e definitiva liberdade. E é também aí que está a fonte de toda cura.

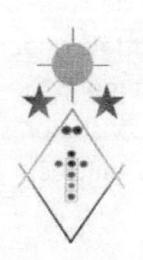

Atalho 160

Deus é pessoal.

Deus é muito pessoal. É a individualização da Divindade *em* nós ou *como* nós. "O Pai em mim é quem faz as obras." É a manifestação do divino, da Energia Primordial, *como* nós. O *meu* Deus é a individualização dessa energia como *eu*. Essa presença e a conscientização dessa presença é o que chamamos de *Cristo em nós*, ou seja, cada um de nós é um cristo, despertado pela conscientização da presença divina, da centelha divina, da energia divina. Deus *em* nós (ou *como* nós) é Onipresente, Onisciente e Onipotente. Nós é que não percebemos isso. No momento em que o percebermos, essa onipresença, essa onisciência e essa onipotência se manifestarão normalmente em nossa vida. De nada nos adianta buscar Deus fora de nós, pensar que vamos encontrá-lo nas alturas, ou nas profundezas, porque nós somos as alturas e também as profundezas: "Tanto embaixo como em cima, tanto fora como dentro." E essa santidade dentro de nós conduz-nos a todas as respostas, assim como suscita em nós todas as perguntas. Tenha absoluta consciência dessa Presença em você, saiba sem hesitações que Ela irá ensinar-lhe tudo o que necessitar saber, conduzindo-o vida afora enquanto você estiver aberto para a plenitude. Deus é o espírito (energia), a vida (energia tornada visível) e a alma (atributos essenciais) de cada um de nós.

Bloco 9
(Atalhos 161 a 180)

161. DEUS, 161
162. Nosso centro de atração, 161
163. Bênçãos e castigos, 162
164. Julgamento *versus* Discernimento, 163
165. Você vê de um jeito, eu vejo de outro, 164
166. Pacíficos e pacificadores, 164
167. Tenha sensibilidade, 165
168. Não passe a vida carregando pedras, 166
169. Implicância, 166
170. Descubra "com quantos paus se faz uma canoa", 167
171. Nunca faça promessas vazias, 168
172. Julgamento ou Constatação?, 168
173. O medo é o oposto do amor, 169
174. Professor ou Mestre?, 170
175. Nossa conta bancária espiritual, 171
176. O que impede a nossa evolução, 172
177. A liberdade que nos faz livres..., 172
178. Linguagem não é conhecimento, 174
179. Amor nascido nas estrelas, 175
180. Tudo o Que É, 175

BOLON

Atalho 161

D-**EU**-S
d-**EU**-s
D-**eu**-S
D-**eu**-s
D**eu**s
DEUS

Qual a grafia que você prefere? Não há como escapar: Você estará sempre n'Ele! O EU estará sempre envolto na graça do Altíssimo.

Atalho 162

Nosso centro de atração.

Segundo Joel Goldsmith, cada um de nós possui um centro onde está armazenado todo o nosso patrimônio espiritual: o que é intrínseco a nós, aquilo que nos é próprio, que é parte de nós, e o que vamos adquirindo no decorrer de nossa existência. Alguns dizem que esse centro está dentro de nós, e outros dizem que nós é que estamos dentro desse centro (que é infinito). Estejamos nós dentro desse centro, ou esteja ele dentro de nós, o fato é que ele possui uma qualidade magnética, atraindo tudo o que nos é devido ou que se harmoniza com o nível de nosso ser. Assim, quando nosso ouvido interno e nosso coração se encontram abertos, atraímos os ensinamentos que estamos prontos para receber, atraímos a orientação de nossa egrégora espiritual, atraímos as pessoas que vão enriquecer nosso caminho. Não existem bons mestres, só existem bons discípulos, e esses bons discípulos é que tiram de dentro do mestre aquilo que precisam aprender – nosso centro magnético atrai, em determinado momento, as palavras que vão ampliar nosso patrimônio espiritual.

Atalho 163

Bênçãos e castigos.

É uma coisa terrível pensarmos que estamos sempre sendo abençoados ou castigados. Tudo o que nos acontece é logo categorizado: "Deus está me abençoando" ou "Deus está me castigando". Quantas vezes ouvimos pais desavisados ameaçando os filhos com o castigo de Deus! Muitas pessoas veem Deus como um velhinho de barbas brancas, com uma varinha na mão, atento a todo pensamento, ato ou sentimento de cada pessoa aqui na Terra. Coitado de Deus. Que trabalhão! Deve estar muito arrependido de haver criado o homem. Pior ainda é quando julgamos os outros, pensando: "Ah, ele está sofrendo porque merece. Está sendo castigado". O oposto não fica atrás. Quantas vezes dizemos: "Ah, Deus é tão bom para mim!" Sempre que ouço algo no gênero não consigo deixar de pensar: "E as crianças que morrem de fome na África, será que as pessoas acham que Deus as está castigando?" Só que a chuva cai sobre justos e injustos e o Sol brilha para todos. Por que não podemos aceitar a vida como ela é, com seus altos e baixos, suas venturas e desventuras, sem pensar em recompensa e castigo? Alguém disse que o que importa não é o que nos acontece, mas nossa reação diante do que acontece. Tudo pode acontecer – coisas maravilhosas e também coisas terríveis. Não sabemos do que é que necessitamos para nossa evolução. Por mais que algumas pessoas procurem achar explicações para tudo, a verdade é que não sabemos com certeza. Enquanto isso, vamos considerar as coisas como sendo parte de nosso caminho. Nada é castigo, nada é bênção. Algumas coisas são simplesmente consequência de nossas escolhas. Procuremos fazer as melhores escolhas sem esperar recompensas, procuremos agir impecavelmente, pois essa é a propriedade de nosso ser, é isso que nossa alma anseia e isso faz parte de nosso traçado de vida.

Atalho 164

Julgamento versus Discernimento.

Sempre dizemos que não nos cabe julgar o próximo, que o julgamento é sinal de que nos sentimos superiores, enfim, todos nós já ouvimos muitos ensinamentos sobre "Não julgueis para que não sejais julgados." Contudo, é impossível deixarmos de constatar algumas coisas nas pessoas e na sociedade em geral. E então? Como é que fica? A constatação é julgamento? A diferença é que no julgamento existe uma carga emocional, um envolvimento, uma censura, um sentimento de superioridade, ao passo que a constatação (ou discernimento) é neutra, não é uma manifestação do ego. É simplesmente o reconhecimento das coisas como obviamente são.

Atalho 165

Você vê de um jeito, eu vejo de outro...

É muito difícil duas pessoas terem exatamente a mesma opinião a respeito de qualquer coisa. E cada uma, é óbvio, acha que tem razão, que é dona da verdade, que sabe o melhor caminho a ser seguido. Eu vejo de um jeito, você de outro, e dificilmente vamos chegar a um acordo. Acontece, porém, que a verdade, ou a solução ideal, talvez não esteja nem de um lado nem de outro. É preciso aprender a conversar, a trocar ideias, a ouvir o ponto de vista alheio. Quando você estiver imbuído de um sentimento de absoluta certeza a respeito de alguma coisa, não deixe de prestar atenção a qualquer opinião divergente, porque talvez, apenas talvez, a outra pessoa esteja mais certa que você. Não é indispensável ter sempre razão.

Atalho 166

Pacíficos e pacificadores.

Existe uma grande diferença entre ser uma pessoa pacífica e ser um pacificador. O pacífico não se envolve em nada, fica à margem das disputas (o que pode, às vezes, ser muito bom), não quer sair de sua tranquilidade, não quer perder seu equilíbrio nem sua paz de espírito. Não há nada de mal em ser uma pessoa pacífica, mas o pacificador, por seu lado, procura promover a paz entre as pessoas, sem tomar partido, sem julgar, sem acusar, sem criticar – apenas procurando fomentar a compreensão e a boa vontade. Muitas vezes nos vemos em situações embaraçosas, quando esperam que tomemos partido, que censuremos alguém, ou até que participemos de alguma ação punitiva contra uma pessoa. Esteja sempre preparado para considerar as duas partes, fazendo o possível para evitar confrontos e procurando ter uma atitude pacificadora. É bom ser pacífico, mas é muito importante ser um pacificador. Lembre-se de que toda história tem dois lados, mas sempre existe um ponto de equilíbrio, central, que pode levar a situação a bom termo. Cristo foi crucificado entre dois ladrões – um bom e um mau. Ele representa o centro, o ponto de equilíbrio, o pacificador.

Atalho 167

Tenha sensibilidade.

Se você tem um casamento maravilhoso, não fale sobre ele para quem não se casou. Se você tem filhos maravilhosos, não fale sobre eles para quem tem filhos problemáticos. Se você tem uma família maravilhosa, não fale sobre ela para quem não tem a mesma sorte. Se você tem um emprego maravilhoso, não fale sobre ele para quem está desempregado. Você não precisa esconder o que tem: basta desenvolver uma sensibilidade para não deixar as pessoas frustradas, fazendo-as sentir que não são tão "abençoadas" quanto você. Não cutuque a inveja com vara curta...

Atalho 168

Não passe a vida carregando pedras.

Passamos a vida carregando pedras, carregando pesos que nos deixam esgotados, sem forças para realizar as mais simples tarefas que deveriam definir nossa vida. E não conseguimos pensar em mais nada, ficando obcecados com esses pesos que nos impedem de enxergar qualquer outra coisa, de seguir em frente com alegria e determinação. Algumas dessas pedras são as mágoas que carregamos conosco e das quais não conseguimos (ou não queremos) nos livrar. Somos todos diferentes uns dos outros e não podemos esperar que as pessoas ajam como nós agiríamos em determinadas situações. Não podemos tirar água da pedra, não podemos esperar que os outros deem aquilo que não está em sua natureza. Nós, muitas vezes, também não fazemos o que esperam de nós. Então, por que carregar o peso da mágoa pelo resto da vida? O prejudicado é só você. É só você que carrega o peso. Muitas vezes, a outra pessoa nem tem ideia do que fez. Se possível, converse com ela, diga o que sente e, depois, livre-se do peso, largue a pedra, fique mais leve e feliz.

Atalho 169

Implicância.

Já reparou que às vezes você implica com uma pessoa de quem gosta muito? Aliás, é mais fácil desenvolvermos implicância por um amigo do que por um inimigo. Por que será que isso acontece? Será que é porque nos preocupamos com a imagem das pessoas que amamos? Será que é porque esperamos mais delas do que daqueles que estão menos próximos de nós? Ou será que é por pura competição? Sempre nos achamos superiores aos outros: mais inteligentes, mais espertos, mais informados, mais, mais, mais. E também acreditamos que nossa maneira de fazer as coisas é a mais lógica, a mais prática, a mais sensata. Se isso não fosse verdade, não implicaríamos com os outros, deixaríamos que fossem como são, aprenderíamos a apreciar suas ideias, sua maneira de proceder, tiraríamos proveito de suas qualidades, aprenderíamos novas formas de viver e até nos divertiríamos com suas idiossincrasias.

Atalho 170

Descubra com "quantos paus se faz uma canoa".

Seja curioso, investigue, busque, pesquise, vá atrás. Não aceite nada de segunda-mão. Especialmente, não aceite nada que seu coração não aprove. O coração é o melhor filtro espiritual que possuímos. Não tenha medo da verdade. Não tenha medo da desaprovação dos que se julgam donos da verdade. A Verdade está dentro de você, e tudo que você precisa é aprender a acessá-la. Seja curioso, investigue, busque, pesquise, vá atrás, e descubra com *quantos paus se faz cada canoa*.

Atalho 171

Nunca faça promessas vazias.

Promessas vazias são aquelas que não pretendemos cumprir, que fazemos inconsequentemente, sem pensar que a promessa pode ser importante para a outra pessoa, sem pensar que talvez ela fique numa expectativa ansiosa, imaginando que nossa palavra tenha valor, que signifique tanto para nós quanto para ela. Quantas vezes ouvi gente me dizendo que ia aparecer naquela semana, que ia procurar uma coisa de que eu estava precisando, que ia telefonar no dia seguinte, que ia comigo a algum lugar, que ia me mostrar como resolver um problema do computador, que ia... que ia... que ia... E nunca foi.

Atalho 172

Julgamento ou Constatação?

Muito se fala sobre o erro de julgarmos nossos semelhantes. Entretanto, quando nos deparamos com um ato perverso sendo praticado diante de nossos olhos, como evitar o julgamento? É impossível deixarmos de constatar o que estamos presenciando. A constatação pode ser considerada julgamento? Qual a diferença? No julgamento existe uma carga emocional, que faz com que nos identifiquemos com a situação, pesando-a e decidindo, por nós mesmos ou segundo critérios estabelecidos, se aquilo está certo ou errado. Já na constatação, deixamos de lado nosso ego com suas preferências e paixões, e assumimos uma atitude de neutralidade: reconhecemos as coisas simplesmente pelo que elas são, sem tomar partido e sem lhes dar nossa interpretação pessoal. Devemos evitar julgamentos, mas é impossível deixarmos de constatar aquilo que acontece diante de nossos olhos. Precisamos, contudo, aprender a não interpretar o que vemos segundo nossos padrões pessoais. Difícil, não é?

Atalho 173

O medo é o oposto do amor.

A primeira vez que ouvi essa afirmação, fiquei muito confusa. Não é o ódio o oposto do amor? Levei muito tempo para assimilar a ideia, uma vez que dentro da minha vivência não encontrava nada para sustentar essa afirmação. Até que, de repente, revivi a cena em que crianças oravam com a mãe, e, apesar de muito pequenas, repetiam as palavras: "Livrai-nos do fogo do inferno!" Indo mais adiante, lembrei-me de um menino de seus 9 ou 10 anos que um dia entrou em nossa casa, gritando: "Já sei por que minha mãe tem problemas de visão. Na outra encarnação ela furava os olhos dos escravos!" Também ouvimos constantemente igrejas que nos dizem o que comer, o que vestir, o que falar, com quem andar, com quanto dinheiro contribuir, com quem casar, a fim de não perdermos o reino celestial e ficarmos eternamente apartados da presença de Deus. Que pena! Deus deveria ser amor no coração dos homens, mas a figura que pintam de Deus é apavorante, vingativa e totalmente sem sentido. Alguns conseguem se libertar de tudo isso, sentindo que Deus é o próprio amor dentro deles, mas as crianças podem ficar marcadas para sempre. Então percebi que o que se contrapõe ao amor é realmente o medo. As crianças não iriam odiar Deus, mas como amá-lo, sentindo um medo terrível dele? Como amá-lo, quando Ele nos é apresentado como um ditador, que nos castigará se não fizermos o que afirmam que Ele exige de nós? Nós amamos a vida, ou temos medo dela? Amamos a Verdade, ou temos medo dela? Amamos a independência, ou temos medo dela? Amamos a liberdade de pensamento, ou temos medo dela? Passamos a vida com medo, sem nos darmos conta de que o medo nos distancia do amor. Vamos criar coragem para enfrentar nossos medos e as ameaças que nos fazem, sabendo que a coragem é uma arma do amor.

Atalho 174

Professor ou Mestre?

O mundo está cheio de ótimos professores, pessoas com grande conhecimento, desejosas de passar adiante, pelo menos em parte, os frutos de seus estudos, de suas pesquisas, de suas observações. E o mundo está igualmente cheio de gente faminta por conhecimento. A combinação é perfeita. Nas disciplinas do espírito, também encontramos professores incríveis, capazes de discorrer sobre temas de grande interesse. Daí a proliferação de cursos, seminários, oficinas, retiros espirituais. Pois é. Uma grande pergunta, porém, fica no ar: esses professores são mestres, como alguns se intitulam? Qual a diferença entre um *professor* e um *mestre*? **O professor é aquele que ensina. O mestre é aquele que vive o que ensina.** O papel do mestre, segundo uma amiga minha, é mostrar ao discípulo que ele, discípulo, também pode chegar lá – atingir a iluminação – pois "o que é oferecido a um, é oferecido a todos".

Atalho 175

Nossa conta bancária espiritual.

Cada um de nós tem uma conta bancária espiritual que nos permite fazer depósitos e retiradas. Os depósitos e as retiradas determinam nosso saldo. Todas as vezes que prejudicamos alguém ou praticamos algum ato indesejável, fazemos uma retirada. Esse "buraco" não depende do perdão da pessoa ofendida – nem mesmo do perdão divino – para ser coberto. Depende apenas de nós mesmos, do depósito que faremos para "sair do vermelho". O primeiro passo é a restituição. Precisamos fazer tudo o que for possível para efetuar uma restituição. A restituição, porém, não basta para cobrir nosso débito. O elemento essencial é a nossa transformação. A transformação é o que chamamos comumente de "arrependimento." Só que não é esse arrependimento corriqueiro, que passa rapidinho e não nos impede de repetir o erro – é a *metanoia* – que significa "transformação fundamental de pensamento e de caráter; conversão espiritual." Quando você se transforma, não consegue mais praticar a mesma falta, porque sua essência sofreu uma mudança, e aquele tipo de comportamento já não faz parte de sua natureza. A *metanoia* é a única maneira de cobrirmos o débito correspondente. O perdão do ofendido pode aliviar-nos a consciência, mas não nos isenta do pagamento. O depósito exigido não depende da boa vontade de ninguém – mas única e exclusivamente de nossa transformação.

Atalho 176

O que impede a nossa evolução.

A Verdade não impede nossa evolução. Ela nos orienta, nos desafia, nos leva à transformação. O que impede nossa evolução são as mentiras, as meias-verdades, a intimidação religiosa; o fanatismo, o medo, a ganância espiritual; a displicência, a pressa, a preguiça; a tradição, a obediência, nosso *status* na sociedade. A lista é infinita e nos mostra que precisamos ter coragem, determinação e independência para buscar e enfrentar a Verdade. Aluna Joy, a xamã americana, nos disse em um seminário sobre o Calendário Maia, realizado no Monte Shasta, que éramos pioneiros, saltando de olhos fechados para um precipício, tendo confiança de que os braços do Altíssimo nos amparariam no fundo do abismo, onde a Verdade nos aguardava. Disse ela que a busca e o trabalho espiritual exigiam coragem, confiança e amor: coragem para enfrentar a Verdade, confiança nos planos do Universo e amor pelo Deus em cada um de nós. Por que será que temos medo da Verdade?

Atalho 177

A liberdade que nos faz livres...

Foi lendo uma canalização pleiadiana de Barbara Marciniak, *Mensageiros do Amanhecer* (publicação da Editora Ground), que comecei a vislumbrar o significado da liberdade espiritual. Desde o nascimento sofremos a influência de nossos pais, familiares, professores, da forma de governo a que somos sujeitos, da sociedade em que estamos inseridos, das autoridades religiosas que cruzam nosso caminho. Essa influência exerce uma pressão que, em geral, nos passa despercebida. Não somos incentivados a pensar por nós mesmos, a buscar, a questionar o que nos é apresentado. Depois de haver sido massacrada por imposições religiosas durante muitos e muitos anos, de repente se fez luz na minha alma, de uma forma tão maravilhosa, tão inesperada, tão completa, que foi como se eu nascesse de novo: livre, iluminada, arrebatada ao céu dos céus pelos braços do Altíssimo. Sempre me emociono ao pensar no milagre que me tomou de surpresa, expandiu minha consciência, descortinou-me o Infinito! De repente me vi esvaziada de todas as antigas crenças, de todas as dependências espirituais, de todas as influências religiosas. E foi então que uma Voz começou a falar dentro de mim. Essa Voz se manifestou depois que alcancei total independência, quando deixei de me apoiar em ensinamentos externos, quando esvaziei meu cálice para que Deus tivesse espaço em meu interior, quando me desvinculei de qualquer ensinamento que não me fosse transmitido pelo Espírito, quando liberei meus mestres para que cuidassem de outras "crianças," como haviam cuidado de mim. Quanto mais livres e independentes nos tornamos, mais luz própria nós geramos e mais espiritualidade podemos alcançar. O que você acha da ideia de criar um gerador interno? Vale a pena experimentar.

Atalho 178

Linguagem não é conhecimento.

A linguagem muitas vezes precede o conhecimento. Ela age como instrumento que nos permite considerar o que nos é apresentado, mas não carrega conhecimento obrigatoriamente. A linguagem é externa, ao passo que o conhecimento é interno. Precisamos da linguagem para a transmissão do conhecimento, e ela tem, portanto, uma função básica. Há uma linguagem apropriada para cada área de conhecimento. Só que falar não significa conhecer, não significa dominar, não significa digerir. O falar precisa estar alicerçado no saber. Há gente muito eloquente que, no entanto, é vazia de conteúdo. Há os que falam alto quando querem ter razão, numa tentativa de intimidação. Isso em geral pode ser observado numa reunião em que opiniões divergentes estão sendo discutidas. Precisamos ter cuidado não só com a eloquência alheia, como também com nossa própria eloquência, pois muitas vezes nos perdemos na sedução de palavras supérfluas e, por que não dizer, no prazer de ouvir nossa própria voz. Quando falamos demais, repetindo as mesmas coisas, as palavras perdem seu peso.

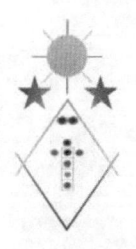

Atalho 179

Amor nascido nas estrelas.

Há gente que nos ama sem saber por quê. Há gente que amamos sem saber por quê. Esse amor é uma lembrança que trazemos conosco, um amor nascido nas estrelas, infinito, inexplicável, que nos acompanha por toda a eternidade. É um amor luminoso, quente, feliz. Inspira-nos a buscar a luz, a verdade, a sabedoria. É um amor que desperta profunda emoção no reconhecimento instantâneo de almas que estiveram conosco desde o despertar de nossa consciência. São nossos irmãos de alma: nossas almas-irmãs. E, através das eternidades, nunca haverá separação.

Atalho 180

Tudo Que É.

Verdade é Tudo Que É – Tudo Que É eterno, Tudo Que É imutável, Tudo Que É perfeito, Tudo Que É imaculável. É por isso que Deus é chamado de Tudo Que É – porque Ele É. Ele é Verdade absoluta, com "V" maiúsculo. A verdade, com "v" minúsculo, é a verdade segundo o conceito humano, que tem várias nuances, que depende de nossas falsas crenças, de nossos desejos, de nossa errônea percepção do que é inerentemente espiritual. Mas onde está a Verdade? Ela está no íntimo de seu ser, na Luz que brilha em seu interior, em seu DNA espiritual, no Todo, que é Tudo – no Tudo Que É.

Bloco 10
(Atalhos 181 a 200)

181. Caminhante do Céu, 177
182. Pipoca, 177
183. Não procure entender pela definição, 178
184. Emotividade *versus* Espiritualidade, 178
185. Integridade, 179
186. Portais, 186
187. Tomemos as rédeas de nossa vida, 180
188. Ninguém se esforça por aquilo que pensa possuir, 181
189. Apague a fogueira, 181
190. O ensinamento deve ser nosso servo..., 182
191. Sofisticação espiritual, 182
192. Aprenda a usar o botão de desligar, 183
193. Impecabilidade, 184
194. Se não podemos salvar..., 184
195. O fluxo das marés, 185
196. Não diga: "Sou diferente", 185
197. Não chame as coisas de boas ou más, 186
198. Mudança de paradigmas, 187
199. Consciência da presença de Deus, 188
200. Pai, Filho e Espírito Santo, 189

LAHUN

Atalho 181

Caminhante do Céu

> Eu sou viajante do espaço, caminhante do céu, de infinito a infinito. Eu sou, eu fui, eu serei, sempre libertando mundos interiores e exteriores. Eu sou, tu és, nós somos – Alfa e Ômega, princípio e fim, de infinito a infinito. Caminhante do céu, viajante do espaço, Eu Sou.

Atalho 182

Pipoca.

Não me lembro de como foi que esta história da pipoca começou. Só sei que, de repente, ela se tornou muito popular em nosso grupo de São Paulo e entre nossos companheiros de Reiki. Quando alguém "pisava na bola", os outros brincavam: "Foi comprar pipoca!" A coisa é mais ou menos assim: Todos nós, a certa altura da vida, decidimos fazer uma viagem de trem que deverá levar-nos a nossa destinação. Muita gente toma o mesmo trem. Só que ele vai parando nas estações ao longo do caminho, e quando ele para, há sempre um carrinho de pipoca quentinha e cheirosa como uma tentação. Ah, é impossível resistir àquele aroma, e, afinal, é apenas uma descidinha rápida do trem. Aí a gente desce, com água na boca, inebriada por aquele cheirinho gostoso, incapaz de resistir-lhe.

Só que a parada do trem foi mais rápida do que pensávamos, e o inimaginável acontece: lá se vai ele SEM NÓS! Acabamos de perder o trem, e nossas expectativas foram por água abaixo. Talvez alcancemos nosso destino mais tarde, numa outra ocasião, num outro trem, mas aquela viagem foi interrompida sem possibilidade de voltarmos atrás, de não descermos para comprar pipoca, de chegarmos no horário que havíamos planejado. Outro trem? Talvez. Mas aquele, nunca mais.

Atalho 183

Não procure entender as coisas pela definição, mas pela observação.

Ter fé é acreditar em alguma coisa que alguém definiu para nós. *Saber* é conhecer alguma coisa que a observação definiu para nós. A fé é externa – o saber é interno. A fé pode vir e ir – o saber é definitivo. Quando me perguntam se tenho fé em Deus, sou forçada a responder: "Não preciso ter fé em Deus, porque eu O conheço."

Atalho 184

Emotividade versus Espiritualidade.

Quantas vezes vi emotividade ser confundida com espiritualidade! "Eu choro à toa..." é uma afirmação geralmente feita com uma ponta de vaidade ou orgulho, como se chorar à toa fosse uma coisa muito especial. Sempre me lembro de meu professor dizendo que o choro fácil em geral indica falta de equilíbrio emocional. A emotividade é barulhenta, é exterior, é uma explosão; já a espiritualidade é silenciosa, interior, profunda, e está intimamente ligada à reverência. Quem é verdadeiramente espiritual nem sabe que o é. E jamais consideraria a espiritualidade como uma coisa a ser extravasada em lágrimas públicas. Quantas coisas pensamos que somos sem o sermos, e quantas coisas somos sem o sabermos!

Atalho 185

Integridade.

Integridade é sinônimo de retidão. E essa retidão não deve aparecer apenas em nossos relacionamentos sociais, mas também em nossos relacionamentos espirituais. Precisamos ser íntegros diante de Deus, imaculados, definindo nossa postura espiritual com clareza e coragem. Eu sou o que sou, perante o Pai e perante os homens: Não roubo, não engano, não trapaceio, não exploro ninguém. Não uso meus conhecimentos espirituais para obter vantagens financeiras. E minha intenção é sempre ser o melhor que me for possível, para que a voz de Deus continue sussurrando ao meu ouvido.

Atalho 186

Portais.

Os Portais são internos, estão dentro de nós. Representam a possibilidade de passarmos a um nível de consciência mais elevado e mais profundo. Se eles serão abertos dependerá exclusivamente de cada um de nós. Quando conseguimos dar um salto quântico, abrindo um portal, as comportas de luz do Universo se abrem e se derramam sobre nós. Como existem inúmeros calendários diferentes sendo usados no mundo, as datas realmente criam um ponto de interrogação. Os maias têm vários Portais em seu calendário principal, chamados de Portais de Ativação Galáctica. Dizem eles que esses dias são portais para a consciência galáctica, quando se intensifica nossa capacidade para atingir ou conquistar novos estados de consciência, novos níveis de abertura. Dizem também que os Portais são interseções ou cruzamentos de vias de luz, que facilitam a receptividade do conhecimento cósmico.

Atalho 187

Tomemos as rédeas de nossa vida.

Não podemos ficar sentados, esperando que as coisas nos caiam no colo. Muitas vezes elas até caem, mas quando isso acontece, em geral é porque, mesmo sem perceber, já havíamos preparado o caminho. Precisamos decidir o que é que nós queremos da vida, e então agir de modo que as coisas aconteçam. Não podemos ficar dependendo dos outros, achando que as pessoas têm a obrigação de ajudar-nos, de facilitar as coisas para nós. Se deseja algo, seja material, mental, emocional ou espiritual, dê os passos necessários para que isso aconteça. É você que tem de fazer o esforço – ninguém mais. Ninguém pode ficar rico por você, ninguém pode instruir-se por você, ninguém pode apaixonar-se em seu lugar, ninguém pode fazer suas meditações. Mexa-se! Vá atrás! Conquiste! Não fique aí parado, que a preguiça cansa mais do que o trabalho. E boa sorte!

Atalho 188

Ninguém se esforça por aquilo que pensa possuir.

Se nos acharmos sábios, iluminados, espirituais, simpáticos, inteligentes, instruídos, não nos esforçaremos para nos tornar sábios, iluminados, espirituais, simpáticos, inteligentes, instruídos. Se tivermos um relacionamento amoroso que consideramos ideal, não nos esforçaremos para ter um relacionamento amoroso ideal. Se acharmos que somos pais maravilhosos e atuantes, não nos esforçaremos para ser pais maravilhosos e atuantes. Se nos considerarmos caridosos, compreensivos e amorosos, não nos esforçaremos para ser caridosos, compreensivos e amorosos. Preciso continuar? Faça sua própria lista e vai descobrir que ela é interminável...

Atalho 189

Apague a fogueira.

Achei fantástico um artigo que li outro dia, dizendo que nós colocamos nossa energia nas coisas negativas, nas tristezas, nas tragédias, *já que a energia vai para onde está a atenção*. Ficamos concentrados nas coisas negativas, e as alimentamos com nossa energia, assim como fazemos ao jogar lenha numa fogueira. Se retirarmos a atenção das coisas negativas, elas irão perdendo a força pouco a pouco, até desaparecerem. Quando ficamos em frente à televisão assistindo a um jornal sanguinolento, nossa atenção serve de lenha naquelas fogueiras, fazendo-as crepitar com mais intensidade. Nunca se esqueça de que sua energia vai para onde vai sua atenção. Atente nas coisas positivas, bonitas, esperançosas e amorosas e deixe de jogar lenha nas fogueiras do negativismo.

Atalho 190

O ensinamento deve ser nosso servo e não nosso senhor.

Certa vez participei de uma reunião de mulheres em uma igreja, onde ouvi uma jovem contar que a família dela tinha plantação de café e que todos os anos, na época da colheita, seus familiares se reuniam para provar o café daquela safra. A igreja, à qual a jovem pertencia havia pouco tempo, proibia terminantemente o café na dieta alimentar. Ela então nos contou, cheia de remorsos e arrependimentos, que não tivera coragem de recusar o café naquela reunião da família e que sua consciência estava pesadíssima por ter desobedecido às ordens da igreja. Foi, porém, enfática ao afirmar que tomara "só um golinho". É interessante observar como os ensinamentos que recebemos se tornam nossos senhores, ao invés de nos servirem. Eles existem para ajudar-nos a ter mais discernimento quando tomarmos decisões, e não para escravizar-nos e fanatizar-nos. O bom senso deve guiar-nos em nossas escolhas e atitudes. Por que será que todo mundo gosta tanto de sentir-se culpado e expiar a "culpa" com uma confissão pública? Difícil entender... Catarse?

Atalho 191

Sofisticação espiritual.

Por que será que é tão difícil aceitarmos as coisas simples como verdadeiras? Por que será que ficamos impressionados com palavras difíceis, conceitos complicados, frases de efeito, expressões de autoimportância, essas coisas que nos fazem detectar um tipo de sofisticação espiritual? Só que sofisticar também significa *falsificar, contradizer, adulterar*. Será que as manifestações de sofisticação espiritual não indicam uma falsificação do que é verdadeiro, simples, belo, uma vez que o próprio Jesus disse que se não nos tornássemos crianças, não poderíamos entrar no reino dos céus? Não vamos usar palavras que as outras pessoas não entendam, não vamos tentar parecer mais do que somos, não vamos nos atribuir uma importância que não temos. Vamos ser simples, verdadeiros, honestos, amorosos. Vamos ser simplesmente... nós.

Atalho 192

Aprenda a usar o botão de desligar.

Esse botão é indispensável para um bom relacionamento, seja de que tipo for. Falamos demais, rimos demais, reclamamos demais, criticamos demais, comemos demais, bebemos demais, cobramos demais. Por outro lado, não conseguimos ouvir tanto quanto deveríamos, não temos suficiente senso de humor nas horas certas, não costumamos fazer elogios, entramos em dietas exageradas que nos tiram a alegria, não demonstramos suficiente gratidão. Já foi dito que o segredo do Universo é caminhar com as duas pernas. O segredo de nossa vida é alcançar o equilíbrio, é evitar que a gangorra penda ora para um lado, ora para o outro, sem que consigamos saber onde realmente estamos, para onde vamos e o que faremos ao chegar lá. Você tem consciência de que precisa aprender onde fica o botão de desligar? Use-o com sabedoria, sempre pensando que você não está sozinho no mundo e que nem tudo é sobre você. Tenho certeza de que o botão de ligar você encontra de olhos fechados.

Atalho 193

Impecabilidade.

Fiquei surpresa ao descobrir que *impecável* significa *im-pecável*. Nunca havia percebido isso. É engraçado como a gente passa pela vida sem perceber um monte de coisas interessantes e importantes. Como *pré-ocupação*, *imagem-em-ação*, *Uni-verso*, e outras palavras com significados mais ou menos ocultos. É tão importante termos um comportamento impecável. Não digo apenas impecável externamente, mas também impecável internamente. Sejamos fiéis a nós mesmos; não podemos vacilar, não podemos nos deixar influenciar por coisas nas quais não acreditamos, mas que são aceitáveis para o mundo; não podemos ser infiéis. Vamos ser im-pecáveis, hoje e sempre.

Atalho 194

Se não podemos salvar...

Ninguém salva ninguém. A salvação é uma tarefa pessoal e intransferível. Mas se não podemos salvar, pelo menos podemos acender nossa luz, seja ela de que intensidade for, para iluminar um pouco os caminhos do mundo. Se eu acendo uma luzinha, você acende mais uma luzinha, nosso amigo acende outra luzinha, o caminho de todos já estará um pouco mais iluminado. E quando o caminho está iluminado, fica mais difícil tropeçar.

Atalho 195

O fluxo das marés.

Nossa vida precisa seguir o fluxo das marés. Vivendo literalmente à beira do mar, aprendi a observar que durante certas épocas do ano a maré alta deposita uma quantidade de areia na praia. Passado algum tempo, a praia devolve essa areia ao mar (embora meu marido diga que é o mar que pega a areia de volta). Nós precisamos ser como a praia, devolvendo voluntariamente aquilo que nos é dado. Não podemos reter o bem, não podemos reter conhecimento, não podemos reter amor. A humanidade é como um grande oceano que alternadamente dá e recebe. Recebamos com alegria e humildade o que esse oceano nos dá, e sejamos extremamente generosos no momento de retribuir a dádiva.

Atalho 196

Não diga: "Sou diferente".

Quando iniciamos nosso Caminho espiritual, é comum pensarmos que passamos a ser diferentes, que não conseguimos mais conversar com as pessoas que não compartilham as mesmas ideias, não percebem nossa "transformação", não abraçam os mesmos princípios, estão cegas diante da verdade e assim por diante. Cuidado! Isso é uma armadilha do seu ego, uma indicação de que você não está entendendo bem a verdadeira espiritualidade, de que está criando um tipo de orgulho espiritual muito perigoso, pois pode desviá-lo daquilo que sonhou quando se propôs a mudar sua vida. A ideia de que somos diferentes é sempre uma manifestação do ego, um disfarce da vaidade que deseja vir à tona e demonstrar sua importância, sua superioridade. Também ouvimos as pessoas dizerem que os outros estão se afastando delas desde que entraram no caminho espiritual. Cuidado outra vez! Se as pessoas estão se afastando de você, é porque você ainda não percebeu que a simplicidade, a boa vontade, a ternura, o amor e a compreensão fazem parte, ou pelo menos deveriam fazer, da nova criatura em quem você deseja transformar-se. A espiritualidade genuína deve atrair as pessoas, nunca afastá-las.

Atalho 197

Não chame as coisas de boas ou más.

As coisas são. *Simplesmente* são. Nós é que lhes atribuímos qualidades e defeitos. Tudo simplesmente é. Eu sou. Você é. Deus é *Tudo que* é. Se você olha para uma flor e diz que ela é bonita, isso não vai torná-la diferente do que é. Ela simplesmente é. Outra pessoa poderá dizer que a flor é feia, que ela é pequena, que ela é grande. Nada vai mudar a natureza da flor. Se olharmos para a flor através de uma vidraça suja, poderemos achar que ela está manchada. A flor, porém, é sempre a mesma. O quadro é sempre o mesmo. Atribuímos qualidades e defeitos também às pessoas. Tal pessoa é boa. Tal pessoa é má. Depende muito dos óculos que você está usando quando as olha. Óculos cor-de-rosa tornam as pessoas boas. Óculos cinzentos ou embaçados tornam as pessoas más. Consideremos os conceitos que nos são passados. São bons? São maus? Qual a sua origem?

Quem os qualificou? Quem foi que decretou sua validade? Quem os inventou? Quem os está impondo? Como você vê, é melhor não chamar nada de bom nem de mau. Não qualifique. Não tente estabelecer padrões pessoais para aquilo que já é.

Atalho 198

Mudança de paradigmas.

Foi com os pleiadianos que tomei consciência de nossa conformidade ou concordância com tudo que nos é apresentado como obrigatório, desde o momento de nosso nascimento. Nem nos passa pela cabeça contestar o rumo apontado pela família, pela sociedade, pelo clero organizado. Nossa vida só será bem sucedida se fizermos exatamente o que todo mundo espera de nós: faculdade, casamento, casa, filhos, carreira, enfim, uma vida estruturada segundo os padrões estabelecidos. Os pleiadianos nos alertam: É preciso haver uma mudança de paradigmas, é preciso quebrar velhos padrões, é preciso criar novos modelos. Precisamos pensar por nós mesmos, precisamos buscar, descobrir, desconstruir para tornar a construir de uma forma diferente, inexplorada, nova, desafiadora. *Ousadia* é a palavra de ordem!... Ou de des-ordem?...

Atalho 199

Consciência da presença de Deus.

Quando dizemos que é preciso ter consciência da presença de Deus em nós, a primeira pergunta que as pessoas fazem é: "Como? Como adquirir essa consciência?" Para alguns, ela chega como uma dádiva, inesperadamente, mas para a maior parte das pessoas não é isso que acontece. O que fazer, então? Tudo começa com um desejo, um desejo intenso de encontrar Deus, de sentir Deus, de ouvir Deus, de viver em Deus. E se esse desejo for realmente intenso, as 24 horas de cada dia serão totalmente dedicadas a Deus. Isso não significa um afastamento do mundo, ou no mundo, mas significa que, mesmo realizando as tarefas mais diversas, nossa alma estará concentrada em Deus, numa busca incessante. "Em Deus vivo, me movo e tenho o meu ser." É preciso acordar pensando em Deus, passar o dia pensando em Deus, e ir para a cama, à noite, pensando em Deus, numa absoluta comunhão interna e total entrega. Mas essa entrega tem que ser jubilosa, e nunca vista como um fardo ou dever. E então Suas obras serão como uma cascata de águas cristalinas jorrando incessantemente através de nós. E, de repente, ao pensarmos "Fala, Pai, o teu servo escuta", todos os ensinamentos do Universo nos serão revelados, a Verdade nos libertará de todos os enganos e nossa comunhão com o Pai será ilimitada.

Atalho 200

Pai, Filho e Espírito Santo (ou Espírito Santificado).

A Divindade, Criador Primordial ou Energia Criadora, está presente em todas as criaturas, ou em todas as Suas criações. Essa presença ou emanação da Divindade em cada um de nós é o que Cristo chamava de Pai em Mim: "O Pai em mim é quem faz as obras." A Divindade é a Fonte; a emanação da Fonte é Deus, o Pai em nós – "Não sabeis vós que sois o templo de Deus e que o Espírito de Deus habita em vós?"; nós somos os filhos, os receptáculos; se chegarmos à consciência plena da presença do Pai em nós e *realizarmos Sua obra*, ou melhor, se estivermos disponíveis para que o Pai realize Suas obras através de nós, receberemos o Espírito Santo, o que significa que *nosso espírito será santificado*, como resultado dessa consciência e dessa entrega. Só então nos tornaremos seres integrais, tendo "santificado nossa humanidade". (Não leia isto com a mente, mas com o espírito. E deixe que o Deus em você lhe revele a verdade.)

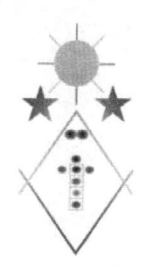

Bloco 11
(Atalhos 201 a 220)

201. O conhecimento que leva à sabedoria, 191
202. Encontrando o Trabalho, 192
203. Lembre-se de você, 193
204. Fotografe-se!, 193
205. Não Identificação: o maior desafio, 195
206. Consideração, 196
207. Emoções negativas, 198
208. Fantasia, Imaginação ou Devaneio, 200
209. Mentiras, 201
210. O falar externo e o falar interno, 202
211. Você anda "gravando" muitos discos?, 203
212. Justificativas, 204
213. Movimentos desnecessários, 205
214. Amortecedores, 206
215. A natureza do todo é a natureza das partes, 207
216. Submissão ou Independência?, 208
217. Nunca diga: "Já sei", 208
218. Anjos de asas invisíveis, 209
219. A "sustentável" leveza do ser, 210
220. Transforme-se em Fonte e nunca terá sede, 211

HUN LAHUN

Atalho 201

O conhecimento que leva à sabedoria.

Em praticamente todas as áreas, o conhecimento original vai se perdendo através dos tempos, pois a interpretação e a compreensão de cada pessoa são diferentes. O que foi transmitido a um mestre será por ele transmitido de acordo com sua compreensão e interpretação pessoal. O discípulo, por sua vez, interpreta e compreende o ensinamento de uma forma pessoal e, se chegar a passá-lo adiante, já será ligeiramente diverso daquilo que recebeu. As pessoas compreendem as coisas de acordo com seu nível e não, necessariamente, com o significado real delas. (Às vezes acontece compreendermos uma coisa num dia e, no dia seguinte, aquela percepção se esvai.) O mais importante, para que tenha valor, é que o ensinamento seja acompanhado de uma mudança pessoal. O conhecimento, por si só, pode até levar à vaidade, mas quando acompanhado de uma transformação interior, leva à sabedoria. Compreender não é rotular. Muitos não conseguem aceitar uma coisa ou um ensinamento que não tenha um nome. Um rótulo, ou nome, dá às pessoas uma sensação de posse. A compreensão é a força mais poderosa por trás de nossa transformação. A informação sem compreensão é inútil, pois não leva à transformação. Como dizia meu mestre: "O ensinamento que entra pela cabeça, mas não desce para o coração, é nulo".

Atalho 202

Encontrando o Trabalho...

Numa pequena livraria em São Paulo, bem escondida no Sumaré, fui convidada para assistir a um curso ministrado pelo Prof. Edmundo Teixeira. Não sabia do que se tratava, mas nem por um segundo vacilei. Naquela mesma noite lá estava eu, num grupo de umas cinquenta pessoas, ouvindo um senhor muito sério, muito simples e muito inspirado. Naquela noite não sabia que ele era inspirado; mais tarde descobri nele o meu único mestre terreno, aquele que me indicou todas as setas maravilhosas que mudariam minha vida. Trabalhei com ele quatro anos. Foram os anos mais produtivos de minha vida espiritual. Entre os ensinamentos de Gurdjieff, de Joel Goldsmith e da Unidade, fui abrindo horizontes, desbravando estradas interiores, aprendendo a enxergar. Sou infinitamente grata ao Deus em mim que me conduziu ao Trabalho. A Luz brilha de modo diferente para cada pessoa e, portanto, falo somente da minha vivência do que me foi transmitido pelo Prof. Edmundo (e sua mulher, D. Seda), sem nenhuma pretensão de ensinar o que ele me ensinou. Falo apenas do resultado de uma interpretação pessoal do que me foi passado. Só podemos falar do que vivenciamos. Tudo o mais é supérfluo. Tudo o mais é fruto do intelecto.

Atalho 203

Lembre-se de você!

O primeiro degrau do Trabalho, ou a primeira de suas quatro colunas básicas, é a *consciência de si*. Consciência de si ou Lembrança de si é uma autopercepção, uma autofocalização, que faz com que você se lembre de si mesmo, perceba a si mesmo e focalize a si mesmo. Afinal, como já dissemos, sua missão na vida é você. Passamos a vida prestando atenção aos outros, tentando corrigir os outros, tentando salvar os outros. Esquecemo-nos de que só a própria pessoa pode trabalhar sua evolução, aparar suas arestas, proceder à limpeza que precede a ascensão. E é isso que você tem que fazer. Deus não pode falar conosco enquanto estivermos cheios de sentimentos negativos, de críticas, de justificativas, de julgamentos, de mentiras, de invejas, de medos, de vaidades, de orgulhos. É preciso aprender a utilizar a energia que nos é dada a cada dia, e isso só pode ser feito quando deixamos de gastá-la inutilmente. Permaneça focalizado, LEMBRE-SE DE VOCÊ, preste atenção em você, tanto no aspecto físico quanto no emocional e no mental. Perceba-se!

Atalho 204

Fotografe-se!

Depois que conseguir lembrar-se constantemente de si mesmo, depois de treinar a autopercepção ou a autofocalização, poderá passar ao segundo degrau ou segunda coluna do Trabalho: a *Observação de si*. Para nós nos observarmos conscientemente, precisamos, em primeiro lugar, dividir nossa atenção, dirigindo-a para um *eu* observante e para um *eu* observado. Isso significa que se, por exemplo, estivermos olhando para uma flor, deveremos nos observar olhando para a flor. É como se fôssemos duas pessoas separadas: uma que olha para a flor, e outra que observa a que olha para a flor. Esse *eu observante* poderá, então, perceber as emoções, os sentimentos, as expressões faciais, a postura, o raciocínio etc., do *eu observado*, que está olhando para a flor. Numa situação normal, quando observo alguma coisa, minha atenção se dirige para a coisa observada. Quando procuro me lembrar de mim, minha atenção é, simultaneamente, dirigida para o objeto observado e para mim mesma, observando o objeto. Isso me permite enxergar-me, perceber minhas reações, constatar meu comportamento. É importante olhar para mim como se não me conhecesse, como se me visse pela primeira vez. Nesses momentos de auto-observação, faço o seguinte exercício: tiro fotografias mentais de mim mesma, de minhas emoções, de minhas reações, de meus movimentos, de meus pensamentos naquele exato momento, e vou percebendo, por meio dessas fotografias, minhas reações, minhas caretas diante de certas situações, meu andar, o tom de minha voz, meus gestos, minha seriedade quando deveria estar sorrindo, minhas manifestações de humor indevidas em certas situações, e tantas outras coisas que me vão permitindo fazer um retrato mais realista de mim mesma. Um ponto importantíssimo, porém, é que nessas fotografias não deve existir o mínimo resquício de crítica. É apenas uma *constatação* sem qualquer julgamento, que me permitirá ir limpando, vagarosamente, aspectos de mim que não me são convenientes. Também observei que essas fotografias mentais vão enfraquecendo os traços indesejáveis. Fotografe-se! Até que é divertido.

Atalho 205

Não Identificação: o maior desafio.

No Trabalho, a *Identificação*, ou terceira coluna, é uma espécie de turbulência emocional que nos deixa à mercê daquilo com que estamos identificados e que se torna, para nós, quase uma obsessão. Pode ser resultado de um fato, de uma situação, uma mágoa, um trabalho, um desejo. A identificação é o oposto da consciência de si porque, quando estamos identificados, não conseguimos nos observar, não temos percepção de nós mesmos, ficamos prisioneiros daquilo com que estamos identificados. A identificação nos controla e nós nos perdemos nela. Pode ser causada por uma atração ou por uma repulsa. Em ambos os casos, quando estamos identificados não conseguimos pensar noutra coisa. O foco de nossa identificação ocupa todos os espaços e causa um tumulto emocional. Desenvolvemos uma espécie de apego, que nos controla e escraviza. Se estamos identificados com uma coisa desagradável, como um insulto, uma doença, uma dúvida, um problema, não temos calma nem equilíbrio para tomarmos decisões. E, em geral, nos apegamos ao fato desagradável, não desejando de forma alguma abrir mão dele. Nós passamos a vida identificados com uma coisa ou outra. Para nos livrarmos dessas fixações, precisamos tomar consciência de nós, observar-nos como se não nos conhecêssemos. Iremos então perceber o ridículo da situação. Se no meio de uma discussão acalorada olhássemos para nós mesmos, provavelmente começaríamos a rir, percebendo a falta de sentido do que estamos fazendo, nossas expressões faciais, o tom de nossa voz e assim por diante. Um dos aspectos da identificação é "entrar no filme" a que estamos assistindo. O filme pode ser de cinema, e aí nós sofremos, torcemos, ficando totalmente à mercê do enredo. Ou pode ser também o "filme" de outra pessoa, ou problema alheio. Nesse caso, ficamos tão identificados com o que está acontecendo com o outro, que perdemos toda a capacidade de raciocínio que nos permitiria ajudar. Lembro-me de uma jovem que chegou a minha casa chorando porque ganhava pouco e o dinheiro não dava. Procurei não me identificar com o problema dela e perguntei: "Quanto você acha que precisa ganhar?" Ela disse uma quantia. Eu continuei: "Então pare de chorar e encontre o emprego que lhe convém." Dois dias depois, começou a trabalhar em outro lugar, ganhando mais ainda do que havia pretendido. Se eu me houvesse identificado com sua angústia, teria ficado angustiada também e não saberia o que fazer. A identificação não gera nenhuma energia útil, porque, quando estamos identificados, não existimos. Só existe o objeto de nossa identificação. Quando perceber que está identificado com alguma coisa, que aquilo o revolta, tira-o do sério e não sai de seu pensamento, volte a atenção para algo mais importante. É claro que deve aprender a distinguir as coisas mais importantes das menos importantes. É tudo uma questão de discernimento.

Atalho 206

Consideração.

A *Consideração* é a quarta coluna ou o quarto degrau básico do Trabalho. Ela pode ser *interna* ou *externa*. A consideração interna é quando temos o sentimento de que não recebemos o que nos é devido, nosso valor não é reconhecido, as pessoas não nos demonstram a gratidão merecida, somos constantemente injustiçados, ninguém nos aprecia, ninguém parece reconhecer nossa importância, e por aí vai. A consideração interna está diretamente ligada à identificação. Ela nos frustra e impede que percebamos todas as coisas maravilhosas que nos rodeiam. A consideração interna nos leva a colocar nossos interesses sempre em primeiro lugar, a ignorar as necessidades alheias, a nos concentrarmos em nosso próprio umbigo. Você estaciona o carro em fila dupla quando vai pegar seus filhos na escola, ou estaciona em frente à garagem alheia, sem pensar que pode estar prejudicando outras pessoas? Isso é consideração interna. Você joga lixo na rua e não recolhe o cocô do seu cachorro? Isso é consideração interna. Você é daquelas pessoas que se dizem "autênticas" e usam isso como desculpa para expressar opiniões desagradáveis a respeito de seus conhecidos? Isso é consideração interna. Meu professor dizia que "sinceridade" muitas vezes é sinônimo de grosseria. Se não tem nada de bom a dizer, não diga NADA! A *consideração externa*, por outro lado, significa levar em conta as necessidades e sentimentos alheios, imaginar-se no lugar do outro, não fazer a seus semelhantes o que não gostaria que lhe fizessem. É a Regra de Ouro, lembra-se? Uma palavra que achei sensacional para descrever a consideração externa, é "tato". Uma palavrinha simples que dá uma ideia muito boa do que estamos tentando transmitir. Tenha tato ao falar com as pessoas, ao emitir uma opinião, ao fazer um comentário. Tenha respeito pelas pessoas com quem convive, por seus funcionários, por seus amigos e até mesmo por seus inimigos. Não grite com ninguém, não seja ríspido, não assuma ares ou atitudes de superioridade, não deixe que o considerem um "patrão", pois, como disse meu marido ao rapaz que toma conta do estacionamento do banco: "Na minha terra, nem cachorro tem patrão".

Atalho 207

Emoções negativas.

As emoções negativas (ou desagradáveis) representam um enorme desperdício de energia na vida de cada um. As principais causas de nossas emoções negativas são a *identificação* e a *imaginação* de coisas desagradáveis. A imaginação é *imagem-em-ação*, e quando começamos a imaginar algo desagradável, aquela imagem passa a criar ou a influenciar nossa vida. A *identificação* está no cerne de nossas emoções negativas, assim como a *consideração interna*, ou o fato de nos acharmos injustiçados ou pouco valorizados. Enquanto alimentamos a atitude de "coitadinho de mim" (ou autopiedade), é quase impossível nos livrarmos das emoções negativas. Quando expressamos essas emoções, criamos uma expectativa ansiosa de coisas desagradáveis, possíveis ou impossíveis. As emoções negativas não são produzidas pelas circunstâncias (usamos as circunstâncias como desculpa), mas elas estão em nós. Baseiam-se geralmente em acusações, pois sempre achamos que os outros são culpados do que nos acontece. Não existe uma só emoção negativa que seja útil, mas, infelizmente, nossa vida se baseia nelas. As emoções mais comuns, que fazem parte do nosso cotidiano, são o mau-humor, o nervosismo, a pressa inútil, a irritabilidade, a dúvida, a pré-ocupação, o medo, a "ofendite aguda", as expectativas em relação às pessoas, e tantas outras, facilmente identificáveis. As suspeitas, as mágoas, o rancor, a desconfiança, já fazem parte de uma categoria mais profunda. O primeiro passo para nos livrarmos das emoções negativas é deixar de expressá-las. Quanto mais as expressamos, quanto mais falamos sobre elas, quanto mais nos "desabafamos", mais necessidade temos de "pô-las para fora", e isso se torna um hábito. O segredo não é suprimi-las, o que sempre tem um efeito contrário, mas simplesmente não as exprimir. Tal controle gera uma energia que poderá ser usada em coisas mais construtivas e úteis. Caso não exerçamos esse controle, a expressão de nossas emoções negativas se tornará um hábito sem o qual não conseguiremos viver. Faça uma semana de experiência e perceberá quanta energia conseguiu armazenar para coisas mais importantes. Descubra suas principais emoções negativas, o que as motiva, o que as faz surgir, o que as provoca. Nós todos temos uma emoção negativa principal e recorrente. Quando descobrir qual é, procure assumir uma atitude mental correta, positiva, porque a sua maneira de pensar pode ser mais duradoura que a emoção. Quando você diz: "Que droga!" a respeito de qualquer coisa, está expressando uma emoção negativa. Quando comenta que o tempo está horrível, está expressando uma emoção negativa. Quando diz que a situação (qualquer uma) é das piores, está expressando uma emoção negativa. Quando diz: "Que pena que não deu certo!" está expressando uma emoção negativa. Quando critica o marido, a empregada, o açougueiro, o cachorro do vizinho, o técnico de futebol, o professor do filho, está expressando emoções negativas. E esses são exemplos bem simples. Nem vou falar sobre os mais complexos. Não seria melhor elogiar o marido, a empregada, o açougueiro, o cachorro do vizinho, o técnico de futebol, o professor do filho? E se não conseguir pensar em nada positivo a respeito deles, não diga NADA. Alguém está perguntando alguma coisa?

Atalho 208

Fantasia, Imaginação ou Devaneio.

Existe o *pensamento criativo* e também existe a *fantasia*. Muita gente tem dificuldade para perceber a diferença. A *fantasia* é o contrário de uma atividade mental útil, dirigida para uma meta definida e visando um resultado definido. Ela às vezes surge espontaneamente e toma conta de nós, podendo ser agradável ou mórbida. Quando ficamos imaginando o que faríamos se ganhássemos na loteria, o que, sendo uma coisa hipotética, não leva a nada, estamos fantasiando de modo agradável. Quando, de repente, começamos a imaginar desastres, a achar que algo terrível vai acontecer a um ente querido, estamos fantasiando de maneira mórbida. Por outro lado, *pensamos criativamente* quando planejamos os detalhes de uma coisa definida, como da casa que vamos construir, ou da peça que vamos montar, ou da reunião que vamos ter com nossos funcionários, ou das cores que vamos usar no quadro que estamos pintando, ou da aula que vamos ministrar, ou da conversa que precisamos ter com nossos filhos: essas são atividades mentais úteis. Também estamos fantasiando quando "cismamos", ou imaginamos, sem nenhum motivo, que alguém não gosta de nós, ou quando acreditamos que somos um determinado tipo de pessoa que na realidade não somos, ou quando nos pré-ocupamos com algo incerto que imaginamos que vá acontecer. A ideia que fazemos de nós mesmos geralmente é fantasiosa – nós nos "inventamos", seja para melhor, seja para pior, criando para nós mesmos uma imagem que agrade ao nosso ego. Dificilmente nos vemos como as outras pessoas nos veem. Também temos fantasias a respeito de dons pessoais ou alheios, de credos, de manifestações espirituais, de poderes incomuns demonstrados por certas pessoas, e tantas outras coisas. A imaginação geralmente começa na infância, fruto de elogios ou críticas exacerbadas, de ensinamentos transmitidos por pais ou professores limitados, por governos ufanistas, por sociedades perversamente elitistas, por líderes religiosos que se consideram emissários de Deus – a lista é infinita, seja de fantasias a respeito de nós mesmos ou a respeito de outras pessoas, seja a respeito de coisas agradáveis ou desagradáveis. De uma forma ou de outra, a fantasia ou devaneio desperdiça nossa energia. Vamos colocar os pés no chão?

Atalho 209

Mentiras.

O universo das mentiras é vasto e surpreendente. Quando pensamos em mentiras, logo nos vêm à mente as mentirinhas corriqueiras do dia a dia, as desculpinhas, as pequenas tapeações inocentes (no nosso entender), as mentiras caridosas, as justificativas que livram nossa cara, enfim, aquilo que todos nós fazemos todos os dias, sem nem de longe nos preocuparmos com as consequências. No Trabalho, a mentira tem um significado muito mais profundo: **mentir é falar de coisas que não conhecemos.** Somos covardes e não temos coragem de dizer "Não sei." Desejamos sempre manter uma imagem de pessoa culta, sabida, inteligente, bem informada. Embora sem compreender nada, o homem tem teorias a respeito de tudo. Todos nós somos donos da verdade, embora a posse da verdade não passe de uma ilusão. Quando não conheço alguma coisa, mas afirmo conhecê-la e disserto sobre ela, estou mentindo. A mentira é o principal obstáculo no caminho do desenvolvimento. A maior de todas as mentiras, porém, é a ideia que o homem faz de si mesmo. Para uma pessoa dizer a verdade, é preciso ser capaz de distingui-la da mentira e, em primeiro lugar, descobrir quem ela realmente é – a verdade sobre si mesma. Aquela imagem nossa que projetamos para os outros, aquele "ator" que colocamos no palco do mundo, não passa disso mesmo – um ator que representa diferentes papéis, dependendo das circunstâncias e da conveniência. Só com muita consciência e muita observação de si mesmo, pode um homem começar a descobrir quem ele realmente é. São mentiras, também, a supressão da verdade, as meias-verdades, os "chutes", as afirmações incontestáveis, as crenças inquestionáveis, a fé cega, os dogmas excludentes, as regras definitivas, as demonstrações de sentimentalismo excessivo que se mascaram de espiritualidade, o amor universal (ainda não chegamos lá), o perdão incondicional, os chavões espirituais, o deus cunhado à nossa própria imagem. A verdade verdadeira é que estamos todos no mesmo barco, expostos aos mesmos perigos, às mesmas tentações, procurando aprender, tentando subir à superfície, emergindo das águas turvas da mecanicidade usual.

Atalho 210

O falar externo e o falar interno.

"Falar pelos cotovelos" é uma expressão bem popular. Todos nós conhecemos alguém que fala pelos cotovelos. Em geral, essas pessoas não sabem ouvir, a não ser o som de sua própria voz. É esse o nosso caso? Quando estamos com outra pessoa só falamos de nossa própria vida, de nossos filhos, de nossos netos, de nossos amores, de nossos talentos, de nossas realizações? Massacramos nossos cônjuges, namorados, filhos, com broncas intermináveis e repetitivas? Damos um espaço ao outro para que ele também diga alguma coisa? Só aprendemos quando ouvimos, e quase nunca quando estamos falando. Esse falar *externo* excessivo espanta muita gente e afasta de nós pessoas que poderiam trazer-nos grandes contribuições, seja no campo intelectual, no campo espiritual, ou mesmo no campo da amizade e do amor. É sempre mais produtivo ouvir do que falar. Existe também um outro tipo de fala – a *interna*. Esse tipo talvez gaste até mais energia que o primeiro. Repetimos incansavelmente para nós mesmos as coisas que nos desagradam, aquilo que deveríamos ter dito e não dissemos em determinada situação, o que vamos dizer a alguém quando tivermos a oportunidade, as respostas que não nos vieram à mente no momento devido, e assim por diante. Essas falas exacerbadas gastam muita energia e têm raros resultados práticos. Às vezes até nos levam a repetir sempre as mesmas escolhas, impedindo-nos de mudar as circunstâncias e avançar em nosso caminho. Quantos passam a vida queixando-se, externa ou internamente, das mesmas coisas, sem nada fazer para mudar a situação?

Atalho 211

Você anda "gravando" muitos discos?

Todos nós temos o costume de "gravar" discos (falando em sentido figurado). Não há quem escape. Se alguma coisa boa nos acontece, gravamos um disco com o ocorrido, e saímos tocando-o para todo mundo. Se algo nos aborrece, gravamos nossas reclamações. E ficamos repetindo-as não só para os outros, como para nós mesmos, o dia inteiro. A todas as pessoas que encontramos, vamos logo dizendo: "Você sabe o que me aconteceu?" E pomos o "disco" a tocar, contando toda a história outra vez. Fazemos isso não só com as coisas desagradáveis, como também com as coisas boas que nos sucedem. Pense cuidadosamente nos "discos" que gravou nos últimos dias – O vizinho está reformando o apartamento e fazendo muito barulho? Seu filho venceu uma competição na escola? Seu chefe cometeu uma injustiça, promovendo outra pessoa? O preço do aluguel subiu? O ônibus levou horas para chegar? Quantas vezes você já repetiu essas histórias para seus amigos, para conhecidos e até para desconhecidos? Quebre esses discos e preste atenção para não fazer novas gravações.

Atalho 212

Justificativas.

É muito difícil encontrar alguém que não tenha o vício de se justificar. Todos nós desejamos que as pessoas tenham de nós a melhor imagem possível, e fazemos de tudo para evitar que essa imagem seja arranhada. Quando nos justificamos de alguma forma, dizendo que nos atrasamos devido ao trânsito, que o Correio não entregou o convite, que não recebemos o recado, que não sabíamos da reunião, que uma pessoa da família estava passando mal, que a loja estava fechada, que não ouvimos o telefone tocar, estamos tentando dizer: "Não tenho culpa de nada, eu sou responsável, pontual, atencioso, cumpridor de meus deveres, enfim, não tenho nenhum defeito." Não é isso que você gostaria que todos pensassem? Pare com essa mania de se justificar – assuma responsabilidade por seus atos (numa boa!).

Atalho 213

Movimentos desnecessários.

Existem em nós certos dispositivos, chamados *acumuladores*, que têm por função armazenar a energia de que necessitamos para cumprir as tarefas do dia a dia. Esse armazenamento se dá durante nossas horas de sono, e a energia armazenada é gasta à medida que o dia avança. Em geral, as pessoas se sentem bem dispostas, fortes e cheias de vida quando se levantam, mas esse vigor vai diminuindo com o passar das horas e, quando chega a noite, alcança seu nível mais baixo. Nós então nos recolhemos e, durante o sono, os acumuladores tornam a cumprir sua função, repondo a energia gasta e preparando-nos para mais um período de atividade. Um nome comum para esse processo é *relógio biológico*, e é óbvio que existem diferenças de uma pessoa para outra. Basicamente, porém, o processo é o mesmo: alternância de períodos de atividade e de repouso, quando somos "recarregados". Gastamos essa energia de maneiras diversas – proveitosamente ou não. O Trabalho diz que uma das formas de gastarmos nossa energia sem qualquer proveito é fazendo *movimentos físicos desnecessários*. O que são movimentos desnecessários? São todos os tiques que nos passam despercebidos, como estalar os dedos, balançar o pé, sacudir a perna, tamborilar, ficar enrolando uma mecha de cabelos; e também os trejeitos, as contrações e tensões corporais, o desassossego e qualquer outro movimento que seja mecânico e desnecessário. Esses movimentos minam nossa reserva energética, que deveria ser utilizada de maneira consciente. Preste atenção em você e descubra quais os movimentos desnecessários que lhe são característicos. Deu para percebê-los?

Atalho 214

Amortecedores.

Todos nós temos um sistema de amortecedores, dispositivos psicológicos que nos impedem de enxergar-nos com clareza, de perceber nossos próprios estratagemas para burlar a consciência, para convencer-nos de que temos sempre razão. Esses amortecedores vão sendo criados lentamente pela "educação", pela imitação, pelas justificativas. Eles são fáceis de perceber nas outras pessoas, porém não tão fáceis de detectar em nós mesmos. Criamos certas ideias favoráveis a nosso respeito, como por exemplo, "estou sempre no horário", "não minto nunca", "gosto de ajudar". E estabelecemos essas ideias como certas em nossa vida, sem nos darmos conta de que elas não correspondem à realidade. Esses amortecedores impedem que nos enxerguemos como somos, e nos ajudam a olhar-nos com óculos cor-de-rosa. Como tomar consciência deles? Somente por meio de muita observação de si, muita vontade de entendermos quem realmente somos, ou como realmente somos. Não é fácil. Vivemos encontrando desculpas, oferecendo justificativas, sem nunca nos passar pela cabeça que a ideia que criamos de nós mesmos pode estar longe da verdade. Complicado, não é?

Atalho 215

A natureza do todo é a natureza das partes.

Se considerarmos a semente de uma maçã, estaremos considerando um número infinito de macieiras. Porque, com uma só semente, podemos plantar uma macieira que, por sua vez, dará um determinado número de maçãs que, por sua vez, terão um certo número de sementes que, por sua vez... e assim, infinitamente. A semente da maçã contém em si o potencial da macieira, pois a natureza das partes é a natureza do todo. O mesmo acontece conosco. Somos parte do Todo divino, e carregamos Sua natureza em nós. Assim como o potencial da semente da maçã é infinito, também nosso potencial divino é infinito. Assim como a totalidade da macieira se encontra em cada maçã, assim também a totalidade de Deus, ou de Tudo Que É, ou do Divino, está contida em cada um de nós. Em Pirangi, Rio Grande do Norte, existe um cajueiro que é considerado o maior do mundo. A primeira vez que fui lá, um menino muito vivo e inteligente começou a explicar a nós, visitantes, que estávamos contemplando uma aberração da natureza; que, mais ou menos, o cajueiro sofria de elefantíase. Naquele instante, minha mente se abriu e eu vi todas as árvores do planeta grandes como aquela, dando tantos frutos que ninguém no mundo precisava passar fome. Vi que eram as outras árvores, por nós consideradas de tamanho normal, que sofriam de algum tipo de atrofia. A natureza é pródiga, e uma árvore enorme, cheia de frutos, é o retrato dessa prodigalidade divina. O que será que nós fizemos para atrofiar a natureza? O que será que fizeram conosco para atrofiar nossa natureza divina? E nosso DNA?

Atalho 216

Submissão ou Independência?

A submissão é muito confortável, porque tira de nós a responsabilidade daquilo que fazemos. Nós nos submetemos a pessoas, organizações, sociedade, família, e se alguma coisa não dá certo, sempre podemos dizer: "A culpa não foi minha!" A independência às vezes pode doer, trazendo-nos certa solidão, mas impele-nos para regiões inexploradas, para novas visões, para um novo entendimento, para novas percepções, para novos paradigmas. Precisamos começar a olhar para as coisas de ângulos diferentes – com total liberdade.

Atalho 217

Nunca diga: "Já sei..."

Quando recebemos um ensinamento, seja qual for sua origem, e dizemos: "Ah, isso eu já sabia!" ou "Ah, isso eu já faço", é nosso ego que está entrando em competição com a fonte do ensinamento, não desejando "ficar para trás" e querendo mostrar que também é inteligente, bem informado e sábio. Na verdade, quando ouvimos uma coisa que já conhecíamos ou em que já acreditávamos, temos motivo para maravilhar-nos, pensando que acabamos de receber uma confirmação espiritual. E a confirmação espiritual é sempre uma bênção e uma alegria. Meu professor sempre dizia que precisamos *humildar*-nos (não *humilhar*-nos). *Humilhar*-se tem um quê de rebaixamento, enquanto que *humildar*-se tem um quê de reverência. É difícil impedir que o ego se manifeste, especialmente porque não sabemos reconhecer suas manifestações. Vamos, entretanto, ficar atentos, procurando detectar sua presença em nossas afirmações, pois ele nos engana com muita facilidade. Fiquemos de olhos abertos...

Atalho 218

Anjos de asas invisíveis.

No decorrer de nossa vida, cruzamos com pessoas que parecem ter literalmente caído do céu para nos ajudar. Às vezes encontramos essas pessoas uma única vez, mas o que elas fazem por nós jamais será esquecido. Elas são nossos anjos de asas invisíveis. Quantas vezes você já se encontrou em uma situação difícil, sem saber o que fazer, como resolver o problema, quando, de repente, apareceu alguém para ajudá-lo? Pode ser um carro com o pneu furado, bem no meio de uma estrada deserta, ou uma emergência médica, ou um documento importante que você perdeu e que lhe foi devolvido por quem o encontrou, sei lá, são tantos os exemplos. Tenho certeza de que você já pensou em vários casos acontecidos em sua vida. Esses anjos de asas invisíveis nos são mandados, ou atraídos, por Deus. Sejamos muito gratos a eles, pois, se nos ajudaram, é porque estavam disponíveis de corpo e coração.

Atalho 219

A *"sustentável" leveza do ser.*

O nível vibratório da matéria está na proporção inversa de sua densidade. Quanto mais densa a matéria, menos ela vibra. Quanto menos densa, mais intensa é sua vibração. Comecei a perceber isso ao assistir a um vídeo sobre abdução, que me foi enviado por um amigo pela Internet. De repente me senti pesada e parecia que o ar da sala mudara sua composição, começando lentamente a sufocar-me. Era como se eu tivesse engolido chumbo. Ou, talvez, como se estivesse sendo engolida por algo realmente denso. Precisei sair da sala para respirar ar puro, e acabei apagando o vídeo sem terminar de vê-lo. Não pensei mais sobre o assunto até que, alguns dias mais tarde, numa reunião de amigos, a conversa enveredou para certos rituais em que se bebem alucinógenos e, em seguida, para os efeitos da manipulação a que somos submetidos durante toda a nossa vida. De repente, comecei a sentir aquela mesma sensação de sufoco, de peso, de densidade. Foi então que percebi como aquele tipo de conversa me deixava densa, pesada, com um nível baixíssimo de vibração. Comecei a desejar intensamente a volta da leveza que me fazia levantar voo rumo ao infinito. Queria sentir-me leve, clara, em plena sintonia com o universo iluminado. É preciso evitar tudo o que nos possa tornar densos, pesados: evitar conversas sufocantes, filmes violentos, excessos desnecessários, rancor, inveja, críticas, julgamentos, sexo sem amor. Ame a si mesmo e conquiste a "sustentável" leveza de seu ser.

Atalho 220

Transforme-se em Fonte e nunca mais terá sede.

Quando plantamos uma horta, deixamos de nos pré-ocupar com o suprimento de verduras em nossa alimentação diária. Sabemos que, bem cuidadas, as verduras vão brotar e atender, com seus nutrientes, a boa parte das necessidades de nosso corpo físico. Pode haver maravilha maior do que uma verdurinha começando a mostrar-se na superfície da terra? Ou de um legume fresquinho que sai da horta diretamente para nossa cozinha? Ou de uma fruta madura arrancada do pé e saboreada naquele mesmo instante? Tudo isso enche nosso corpo físico de saúde, de vitalidade, de energia. E o que dizer do frescor de uma água bebida na fonte, geladinha e cristalina? Tudo isso é maravilhoso para nosso corpo, mas existe também a possibilidade de encontrarmos uma horta e uma fonte dentro de nós. Essa horta e essa fonte vão-se formando paulatinamente, de acordo com nosso desejo, nossa dedicação, nossa abertura espiritual, nossa busca. E quando tudo isso é regado com a água da sinceridade, da integridade, de repente percebemos que nos transformamos na própria terra e na própria fonte, e nunca mais passaremos fome nem sede. Nas palavras do Cristo: "... (porque) se fará nele uma fonte d'água que salte para a vida eterna".

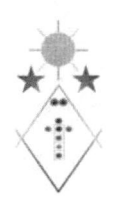

Bloco 12
(Atalhos 221 a 240)

221. Pai Nosso, 213
222. Orar nas quatro direções afeta todo o Universo, 214
223. Evolução, 214
224. Uma sugestão surpreendente, 215
225. Primeiro Mandamento, 215
226. Segundo Mandamento, 216
227. Terceiro Mandamento, 217
228. Quarto Mandamento, 217
229. Quinto Mandamento, 218
230. Sexto Mandamento, 219
231. Sétimo Mandamento, 220
232. Oitavo Mandamento, 220
233. Nono Mandamento, 221
234. Décimo Mandamento, 222
235. Destinação – focalizar o Caminho pessoal, 222
236. Não tema mudar seus pontos de vista, 224
237. Você vê de um jeito, eu vejo de outro, 224
238. O milagre da perseverança *versus* obstinação, 225
239. Não basta acreditar, 226
240. Não existem eleitos, 227

CA LAHUN

Atalho 221

Pai Nosso

Pai nosso, que estás no centro de nosso Ser,
Santificado seja o Teu nome,
Venha a nós o Teu reino,
Seja feita a Tua vontade
tanto embaixo como em cima,
Tanto fora como dentro.
O pão nosso espiritual de cada dia nos dá hoje,
Dissolve nossas dívidas
E ajuda-nos a compreender
Que ninguém é nosso devedor.
Não nos deixes cair na tentação da dualidade,
Mas livra-nos de toda inconsciência.
Porque Teu é o Reino, o poder e a glória
Para todo o sempre.
Amém

Atalho 222

Orar nas quatro direções afeta todo o Universo.

Os nativos de várias partes do mundo têm um grande respeito e reverência pelos quatro pontos cardeais, ou as quatro direções sagradas, como costumam chamá-los: Leste (onde nasce o Sol), Norte, Oeste, Sul, ou *Lik'in*, *Xaman*, *Chik'in* e *Nohol*, segundo os maias. Dizem eles que todo o Universo é afetado quando oramos voltados para cada uma das direções, quando invocamos as bênçãos e a proteção dos guardiães das direções sagradas.

Atalho 223

Evolução.

Evolução é um processo contínuo de transformação e elevação espiritual. Esse processo é individual e interno. É preciso um desejo, uma determinação, o sonho de voar rumo a uma luz maior, rumo ao infinito, rumo ao Pai. E como o Pai está em cada um de nós, esse voo, essa luz, esse infinito também estão em nós. A evolução é uma viagem rumo a nós mesmos, uma busca de nosso Eu verdadeiro, o caminho para o nível zero de nosso ser. Precisamos, contudo, tomar muito cuidado para não confundirmos melhoras exteriores com a verdadeira evolução. As melhoras exteriores podem ser causadas por conveniências sociais, por indução de nosso ego, por um desejo superficial de nos tornarmos exemplos aos olhos do mundo, mas em geral carecem da verdadeira consciência, da profundidade reverente do amor maior. Sejamos espiritualmente castos no caminho de nossa evolução, cheguemos imaculados diante do altar interno da Mais Alta e Pura Luz.

Atalho 224

Uma sugestão surpreendente.

Chegando à reta final de meus 260 Atalhos, já dissera praticamente tudo o que desejava dizer. No entanto, ainda havia alguns Atalhos a serem escritos. Não tinha a menor ideia dos temas que abordaria, não penso muito para frente, prefiro deixar fluir. Alguns dias se passaram sem que nada acontecesse. Não me preocupei. A única coisa que fiz foi dizer, com um suspiro: "Ah, estou com saudade..." Na madrugada seguinte, acordei de repente e, morta de sono, ouvi, com muita clareza: "Escreva sobre os Dez Mandamentos". Não poderia ficar mais chocada. Essa ideia nunca me passara pela cabeça e fiquei pasma diante da sugestão surpreendente. Surpreendente, mas linda, não é? Emocionada, agradeci, tentando assimilar o rumo inesperado que o final dos Atalhos estava tomando. Agora, depende de mim. Estou abrindo o coração, com muita reverência, para a responsabilidade que tenho à minha frente.

Atalho 225

Primeiro Mandamento:
Não terás outros deuses diante de mim.

Deus é nossa prioridade. A vida espiritual é nossa prioridade. Não temos uma vida espiritual + uma vida social. Não temos uma vida espiritual + uma vida intelectual. Não temos uma vida espiritual + uma vida profissional. Só temos uma vida, e essa vida é Deus. Deus é nossa vida, nossa energia, nosso espírito, nossa alma, nossa essência, nosso conhecimento, nossa sabedoria. "Em Deus vivemos, nos movemos e temos nosso ser". E qualquer coisa diferente disso é uma violação do Primeiro dos Dez Mandamentos.

Atalho 226

Segundo Mandamento:
Não farás para ti imagens de escultura (...). Não te encurvarás diante delas nem as servirás.

A imagem física, tanto de homens quanto de mulheres, tornou-se uma das maiores preocupações dos seres humanos. A valorização da aparência física, dentro de padrões estabelecidos pela sociedade, deu origem ao uso de esteróides anabolizantes, botox, silicone, lipoaspirações, remédios para emagrecer, dietas exageradas que levam até à morte, e outras coisas que nem conheço. Diante dessas "esculturas" modernas, nós nos encurvamos e fazemos reverências, valorizando ao extremo os aspectos exteriores ou a perfeição física no ser humano. E não só nos curvamos em admiração diante delas, como as servimos, facilitando sua vida ao máximo, muitas vezes em prejuízo de outras pessoas menos privilegiadas. Criamos o culto à imagem da perfeição física e, para alcançá-la, precisamos "esculpi-la" das mais diversas e variadas formas.

Atalho 227

Terceiro Mandamento:
Não tomarás o nome do Senhor teu Deus em vão.

Gostamos de atribuir a Deus nossas venturas e desventuras, pensando sempre que Ele existe para nos servir ou para nos punir. Quando desenvolvemos uma reverência pelo Divino, já não conseguimos pedir nem reclamar nem nos gabar de que Deus nos abençoa, com sua extrema bondade, como recompensa por nossa fidelidade, bastando-nos a consciência da relação sagrada de amor entre Deus e o homem. Então já não tomamos o nome do Senhor nosso Deus em vão, sabendo que Ele reina, incomparável, no templo de nosso ser. "Aquieta-te e sabe: Eu Sou Deus." Deus é. E isso basta. Não se esqueça de que falar não é conhecer.

Atalho 228

Quarto Mandamento:
Lembra-te do dia de Sábado para o santificar. Seis dias trabalharás (...) mas o sétimo dia é o sábado do Senhor teu Deus.

Deveria ser uma prioridade encontrar tempo para um encontro com o Divino em nós. Um tempo de qualidade, quando nos desligamos de todos os afazeres costumeiros e entramos em nosso templo interior, com total reverência, sabendo que Deus está à nossa espera. Não importa o dia, não importa a hora, aquele momento será sempre o Sábado do Senhor. E o sábado é um dia santificado.

Atalho 229

Quinto Mandamento:
Honra a teu pai e a tua mãe.

Sejamos gratos por nossa herança genética. Sejamos gratos pelo útero que nos abrigou durante nove meses. Sejamos gratos por pais que nos permitiram nascer, e sejamos dignos dos filhos que gerarmos, para que eles, por sua vez, nos amem e nos honrem por nossa dedicação e integridade. Aprendemos muito com nossos pais. Às vezes nem temos grande afinidade com eles, mas sempre, se formos honestos, poderemos pensar em alguma coisa que eles nos ensinaram. Eles não foram perfeitos em nossa criação, mas a maioria deu o melhor no âmbito de sua capacidade. Nas mesmas circunstâncias, teríamos feito melhor? Os tempos mudam, as regras mudam, os homens mudam. Sempre haverá um choque entre gerações. Podemos julgar? Podemos criticar? Podemos guardar mágoas? Não deveríamos. O melhor é lançar a luz de nossa compreensão sobre a conduta deles. Em geral essa conduta é herdada de gerações mais antigas e exemplificada por aqueles que vieram antes deles. Estamos acertando 100% com nossos filhos? Dificilmente. Pense nisso. Honre seus pais, concedendo-lhes a bênção de sua gratidão.

Atalho 230

Sexto Mandamento:
Não matarás.

Este mandamento é absolutamente claro em relação à morte física, mas é importante considerarmos também que Cristo disse que não deveríamos temer os que podem matar o corpo, mas sim os que podem "matar" o espírito. Há muitas formas de impedirmos que as pessoas se desenvolvam espiritualmente. Às vezes achamos que elas estão no caminho errado porque não estão no *nosso* caminho. A opressão espiritual é um entrave à espiritualidade verdadeira, e ela pode manifestar-se por meio do proselitismo insistente, da ameaça de perda do Reino, da imposição de regras doutrinárias, do cerceamento da liberdade de pensar, de pesquisar, de buscar Deus dentro de si, de comunicar-se diretamente com o divino, de receber respostas sem intermediários, de ouvir a voz interior sem precisar da confirmação de líderes religiosos, de ser simplesmente o filho de Deus, herdeiro do Reino, a quem o Pai diz: "Filho, tudo o que Eu tenho é teu." Qualquer pessoa, religião ou sociedade que destrua, de alguma forma, a liberdade espiritual de alguém, está matando seu espírito.

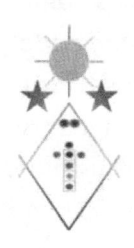

Atalho 231

Sétimo Mandamento:
Não adulterarás.

A definição do verbo *adulterar*, no dicionário, é "falsificar, corromper, viciar, deturpar, alterar, modificar", e também "corromper-se, viciar-se, cometer adultério". Precisamos ser fieis em todas as áreas de nossa vida, em todos os momentos. A fidelidade não implica na manutenção de situações que já não façam sentido para nós, mas na honestidade de enfrentarmos as situações que se nos apresentam, especialmente quando há outras pessoas envolvidas, sem subterfúgios, fingimentos, mentiras. É necessário mantermos a nossa integridade respeitando os sentimentos alheios sempre com honestidade.

Atalho 232

Oitavo Mandamento:
Não furtarás.

Vi muita gente ficar indignada ao ouvir nosso professor afirmar que todos nós roubamos. É possível roubarmos coisas materiais, objetos, dinheiro, todos restituíveis, como é possível roubarmos emoções, tirando a alegria, a confiança, os sonhos de uma pessoa. Cometemos, também, roubos intelectuais, plagiando obras alheias ou tomando para nós o crédito daquilo que não fizemos. Todos esses casos são de fácil compreensão e todo mundo sabe o que significam. De um modo geral, esses roubos permitem uma restituição. E restituir o que foi roubado é parte indispensável da reparação. O que me deixou perplexa, entretanto, foi a afirmação de que roubamos constantemente sem termos consciência do que estamos fazendo. E o fazemos de forma irrevogável. **Nós roubamos deliberadamente o tempo alheio.** Quantas vezes deixamos os outros esperando por nós? O tempo que perdemos está perdido para sempre, roubado sem qualquer constrangimento, descartado com um simples "Desculpe o atraso!" Você já alguma vez pensou nisso? Está na hora de começar a pensar e de tornar-se uma pessoa pontual. Não roube o tempo alheio, pois ele é precioso, único e insubstituível.

Atalho 233

Nono Mandamento:
Não dirás falso testemunho contra teu próximo.

Poderíamos substituir este mandamento por uma expressão bem atual: "Não fofocarás". Não fofocarás. Não permitirás que fofoquem ao teu ouvido. Não te imiscuirás em fofocas alheias. Não prestarás atenção às fofocas que porventura escutares sem querer. Quando não tiveres algo bom para dizer, não digas nada. O silêncio, em tais casos, é o único caminho. Sempre pensarás o melhor de teu próximo e, quando possível, agirás como seu advogado de defesa. Quando falas bem de uma pessoa, o normal é que ela reaja de acordo com tuas palavras. Se não deres atenção às fofocas, as pessoas desistirão de trazê-las a ti. E, acima de tudo, sê misericordioso, pois as falhas de teu próximo nada mais são do que tuas próprias falhas.

Atalho 234

Décimo Mandamento:
Não cobiçarás.

Vamos contentar-nos e alegrar-nos com o quinhão que nos coube nesta vida. Esse quinhão atende a nossas necessidades. Às vezes pode até parecer que não, mas se olharmos o quadro geral, iremos ver que tudo nos leva ao caminho que devemos trilhar. Não adianta invejar a casa do vizinho, o carro do vizinho, a mulher do vizinho, a alegria do vizinho, a sorte do vizinho. Ele também tem seus dias amargos, como todo mundo. O que ele tem são as ferramentas que recebeu para cumprir seu papel nesta vida. E o que nós temos são as ferramentas de que dispomos para cumprir o nosso. Esforce-se para melhorar em todos os aspectos de sua vida, mas não se esqueça de que esta é a *sua* vida, com os elementos de que você necessita para melhorar espiritualmente, intelectualmente, fisicamente, financeiramente. Ninguém é completamente feliz ou infeliz. A vida oscila, como uma gangorra, e nós vamos subindo e descendo, ora felizes, ora frustrados, ora cheios de esperança, ora desanimados, ora saudáveis, ora nem tanto, mas vamos vivendo a vida como ela se apresenta – porque é a *nossa* vida.

Atalho 235

Destinação – focalizar o Caminho pessoal.

Passamos a vida em busca de um Caminho, e, nessa busca, ziguezagueamos entre mil opções que nos são apresentadas como verdades supremas. Algumas dessas opções são válidas e trazem um acréscimo positivo ao conhecimento já adquirido. Outras são manipulativas e enganosas e apresentam-se como lâmpadas brilhantes iluminando-nos o caminho. É muito fácil nos deixarmos fascinar por seu falso brilho. Em geral cativam-nos explorando nosso ego, falando-nos de nossa importância, de nosso futuro brilhante no reino dos céus; outras apelam para a possibilidade do fogo do inferno caso não contribuamos com a quantia que nos exigem, ou não sigamos estritamente suas normas rígidas e limitadoras. Todas, entretanto, tentam manipular-nos, num jogo de poder que privilegia sua autoridade. E quanto mais nos aproximamos desses caminhos externos, mais nos distanciamos do Caminho único – aquele que está dentro de nós. Algumas pessoas vivem alegremente num "oba-oba" espiritual, correndo atrás de tudo que aparece na Internet, ou na televisão, ou que lhes chega pelas mãos de amigos. Mas, no final, é preciso que haja uma focalização, que nos concentremos no que realmente constitui nossa bem-aventurança, nosso Caminho pessoal e definitivo, aquele que está dentro de nós. Quando isso acontece, quando recebemos a confirmação divina inquestionável, é sinal de que a busca terminou. Precisamos, então, concentrar-nos exclusivamente no Caminho interior, que é o nosso Caminho pessoal. Acabaram-se as dúvidas, as expectativas sem rumo, a curiosidade dispersiva. Aleluia! Agora conquistamos nossa liberdade definitiva e podemos cantar Hosana! Glória ao Pai que vive em nós, "porque aquele que beber da água que Ele der nunca terá sede (...) porque se fará nele uma fonte..."

Atalho 236

Não tema mudar seus pontos de vista.

A vida não caminha para trás, ela segue adiante e traz-nos novas perspectivas a cada dia. Nós, porém, muitas vezes nos apegamos ao que ficou para trás, a tradições, crenças, opiniões, com medo de encarar algo novo, uma ideia nova, um novo ponto de vista. Não queremos que nos achem um "vira-casaca". Porém, quando a mudança é consciente, ela é saudável, indica que não estamos estacionados mas abertos aos ensinamentos do espírito, que nos provê de acordo com a nossa capacidade para receber. Meu marido uma vez me disse: "Quer fazer o favor de decidir para que lado você vai, espiritualmente?" Eu ri e respondi: "Não tenho a menor ideia. Vou para onde Deus me guiar." Em que eu acredito? Hoje vejo as coisas de uma forma completamente diferente do que via alguns anos atrás. E espero que daqui a alguns anos eu veja muito além do que estou vendo hoje! O espírito nos ensina de acordo com nossa preparação para aprender. E sabe de uma coisa? Dizem que o verdadeiro Mestre sabe que nunca deixará de ser aluno!

Atalho 237

Você vê de um jeito, eu, de outro.

É muito difícil duas pessoas terem exatamente a mesma opinião a respeito de qualquer coisa. E cada uma, é óbvio, acha que tem razão, que é dona da verdade, que sabe o melhor caminho a ser seguido. Eu vejo de um jeito, você vê de outro, e dificilmente chegaremos a um acordo. Acontece, porém, que a verdade, ou a solução ideal, talvez não esteja em nenhum dos lados. É preciso aprender a conversar, a trocar ideias, a ouvir o ponto de vista alheio. Quando você estiver imbuído de um sentimento de absoluta certeza a respeito de alguma coisa, não deixe de prestar atenção a opiniões divergentes, porque a outra pessoa pode estar mais certa que você. Não é obrigatório ter sempre razão.

Atalho 238

O milagre da perseverança versus obstinação.

A perseverança realiza milagres na vida espiritual. É tão fácil desistir de buscar, de esperar, vendo outras pessoas darem passos que nos parecem enormes, enquanto nós avançamos a passo de tartaruga. Nós queremos tudo de imediato, achamos que somos os únicos a quem os milagres são negados, os únicos que não têm visões mirabolantes, os únicos que precisam praticar a paciência. Só que quando você persevera na busca do divino, dia após dia, ano após ano, e talvez até vida após vida, de repente, no momento mais inesperado, sem nenhum esforço, você tem aquela sensação de que braços divinos o envolvem cheios de amor, dando-lhe as boas-vindas e dizendo-lhe que a busca terminou, que você finalmente está em casa, de volta ao lar, de onde, na verdade, nunca havia saído. Estava apenas adormecido. Esse é o milagre da perseverança paciente, da visão clara de seu desejo maior. Mas existe também a *obstinação*, muitas vezes confundida com a perseverança. A obstinação é uma teimosia, quando tudo nos indica que o caminho escolhido não é O caminho, que continuamos nele apenas porque não temos coragem de enfrentar líderes religiosos, familiares, amigos, a sociedade, ou seja lá o que for que tenha ascendência sobre nós. Só que nada nem ninguém deveria ter o poder de exercer esse tipo de ascendência sobre nós. Precisamos ser donos de nossas escolhas, de nossa espiritualidade, de nosso destino eterno. A palavra *obstinação* está ligada a *obstinar*, que significa manter-se na teima ou erro; a *obstar*, que significa impedir; a *obstáculo*, a *obstante*, que significa impedidor; a *obstância*, que significa empecilho; e assim por diante. Vamos ser persistentes, mas não obstinados. Vamos abrir o coração para a verdade, para o Infinito, para Deus, sem nos preocuparmos com o que os outros pensam de nós. Quero acreditar que muita gente vai pensar coisas muito boas e até considerar seguir o nosso exemplo.

Atalho 239

Não basta acreditar. É preciso aprender a conhecer.

Acreditar é fácil. O difícil é conhecer por meio da experiência. Acreditar não exige nenhum esforço. As pessoas perguntam umas às outras: "Você acredita em Deus?" A resposta óbvia e fácil é "Claro que acredito!" Mas se você perguntar: "Você conhece Deus? Já viveu a experiência de Deus?" Aí tudo muda, pois você só conhece Deus voltando-se para dentro de si e buscando-O nas profundezas de seu ser. Ou pela Graça Divina. De uma forma ou de outra, é preciso uma abertura, um anseio, uma disposição reverente para recebê-Lo, para conhecê-Lo, para ouvir-Lhe a voz, quando, na calada da noite, suplicamos: "Fala, Pai, o teu servo escuta..."

Atalho 240

Não existem eleitos. Tudo que é oferecido a um é oferecido a todos.

"O sol brilha sobre justos e injustos..." A chuva cai sobre todos. Ouvimos muito falar sobre os escolhidos, e pensamos que Deus escolhe, a seu bel-prazer, aqueles a quem deseja abençoar. A verdade, porém, é que os escolhidos são aqueles que escolhem a si mesmos, que desejam, do fundo do coração, encontrar a Deus, seguir a chama interior que está contida em cada um de nós, colocar-se à disposição de Deus, abrir-se para o divino, para o Amor, para a com-paixão, para a Verdade; são aqueles que dedicam a vida a espalhar luz, a colocar as setas que mostram o Caminho, seguindo a estrada da impecabilidade, da integridade, da total dedicação. Ser ou não um escolhido depende inteiramente de você, pois, no universo espiritual, tudo o que é oferecido a um, é oferecido a todos.

Bloco 13
(Atalhos 241 a 260)

241. Invocação do Ponto de Luz, 229
242. Eu tive um sonho..., 230
243. Iniciação, 230
244. Primeira Iniciação, 231
245. Segunda Iniciação, 232
246. Terceira Iniciação, 232
247. Quarta Iniciação, 233
248. Quinta Iniciação, 233
249. Sexta Iniciação, 234
250. Sétima Iniciação, 234
251. Mãe Terra, 235
252. *Imix, Ik, Akbal, Kan* (Dragão, Vento, Noite, Semente), 235
253. *Chicchan, Cimi, Manik, Lamat* (Serpente, Ponte entre Mundos, Mão, Estrela), 236
254. *Muluk, Oc, Chuen, Eb* (Lua, Cachorro, Macaco, Humano), 237
255. *Ben, Ix, Men, Cib* (Pilares de Luz, Mago, Águia, Guerreiro), 238
256. *Caban, Etznab, Cauac, Ahau* (Terra, Espelho, Tormenta, Sol), 238
257. Oração às Direções Sagradas, 239
258. Quem vê a mim..., 241
259. A finalidade de nossa existência, 241
260. Sou Criança do Infinito, 242

OX LAHUN

Atalho 241

Invocação do Ponto de Luz

Sou um ponto de luz ancorado no planeta,
Estou ativando meu corpo de luz
E enviando esta energia aos quatro quadrantes da
    Mãe-Terra
E a todo o Universo.
A luz dourada que Eu Sou ilumina com raios de amor
    e de cura
Toda a *Pachamama*.

Sou um ponto de luz ancorado no planeta,
Estou ativando meu corpo de luz
E envolvendo todos os meus irmãos,
De todos os reinos e dimensões,
Em um círculo de aceitação e de amor.

Sou um ponto de luz ancorado no planeta,
Estou ativando meu corpo de luz
E unindo o núcleo de cristal da terra
Ao Sol central de todos os universos.

Que a divina ordem prevaleça,
Que a Mais Alta Luz abençoe nosso trabalho de amor.

Atalho 242

Eu tive um sonho...

Não sei se dormindo ou acordada, mas eu sonhei... sonhei que depois de muitas e muitas vidas nesta Terra, onde pouco a pouco fui aprendendo e subindo, degrau por degrau, a escada da evolução, cheguei a um estado em que não precisava mais voltar, não precisava mais nascer nem morrer. Alcançei o que podemos chamar de imortalidade. Teve início, então, uma nova etapa, e eu servia em todo o Universo, onde quer que meu amor me levasse. Mais uma vez fui aprendendo e subindo, degrau por degrau, rumo a um Infinito ainda mais vasto, até chegar a um estado em que não precisava mais servir naquele nível. Foi então que explodi, espalhando-me por todo o cosmo, convertendo-me em mil galáxias. E por causa desse sonho, que não sei se sonhei acordada ou dormindo, todas as vezes que olho para o céu estrelado, me parece ver expressões do amor daqueles que viveram e morreram nesta Terra, que conquistaram a imortalidade, que depois serviram em escala cósmica, até o momento em que alcançaram sua total integridade, convertendo-se em mil galáxias, para abrigar aqueles que ainda nascem e morrem, nascem e morrem, nascem e morrem...

Atalho 243

Iniciação.

A Iniciação é um processo interior e não depende de rituais, de cerimônias, de monitoração externa. Ela implica numa transformação pessoal, que nos transporta a um nível de ser mais elevado. Essa é a transformação que nos inicia em uma vida nova

– mais plena, mais pura, mais profunda. Nós não podemos estacionar, ficar satisfeitos com aquilo que já somos. Precisamos nos elevar acima de nós mesmos, de nossas pequenezas, acima de nossas realizações passadas, procurando atingir um patamar que exija de nós mais consciência, mais atenção, mais afeto. E desse patamar partiremos para uma nova Iniciação, mais uma vez uma Iniciação interior, sem rituais, sem dependências, sem expressões de exterioridade. E então seguiremos, de iniciação em iniciação, de patamar em patamar, do nível de amor atual para um nível de amor maior, mais elevado, mais intenso – e mais prático.

AS 7 INICIAÇÕES DO AMOR DE CRISTO

Atalho 244

Primeira Iniciação: Autoconsciência (parcial).

Olho para mim com os olhos de Cristo, com os olhos da compreensão amorosa, da aceitação e da misericórdia. Dissolvo todos os sentimentos de culpa, de insuficiência e de insegurança; dissolvo todas as expectativas que me foram impostas e que não tiveram origem em meu interior. Olho para mim com os olhos de Cristo e vejo um ser espiritual, cheio de força e alegria, a trabalho da Mais Alta Luz. Dissolvo todos os meus medos e começo a criar minha própria realidade. Tenho consciência de minha origem divina, de meu traçado de vida, de meu destino solar glorioso. Demonstrarei amor por mim mesmo todos os dias de minha existência. Jamais abrirei mão do poder de escolha que me foi concedido pela lei sagrada do Livre Arbítrio. Sou dono de meu destino divino. Sou um ser crístico, cheio de alegria e de luz.

Atalho 245

Segunda Iniciação: Gratidão Genética (parcial).

Agradeço o corpo físico que herdei de meus antepassados. Agradeço os sentidos físicos que me permitem perceber o mundo e interagir com os reinos físicos que me cercam. Agradeço as habilidades físicas e mentais que herdei de meus antepassados. Agradeço a consciência que herdei de meus antepassados e que me permite captar a essência do Universo. Agradeço a força das emoções que herdei de meus antepassados. Agradeço a percepção espiritual que herdei de meus antepassados e que me abre para a luz.

Atalho 246

Terceira Iniciação: Intensificação da Luz (parcial).

Trabalharei todos os dias de minha vida e todos os dias de minhas vidas para que a Luz se intensifique no Planeta e seja ancorada em todos os seus habitantes. Começarei por mim mesmo, intensificando minha própria Luz, tornando-me um elo forte e ativo na família da Luz a que pertenço. Uno-me a todos os trabalhadores da Luz deste Universo e de todos os universos, para que do círculo sagrado da energia divina possamos enviar amor e intensificar a Luz, numa bênção de paz e iluminação.

Atalho 247

Quarta Iniciação: *Uma nova compaixão (parcial).*

Com uma nova compaixão que permeia todo o meu ser, faço da vida de meus irmãos a minha vida; de suas trajetórias, a minha trajetória; de seus anseios, os meus anseios; de suas realizações, minhas realizações; de seus obstáculos, meus obstáculos; de suas dores, minhas dores; de suas alegrias, minhas alegrias; de suas lágrimas, minhas lágrimas; de seus sonhos, os meus sonhos; de sua fome, minha fome; de sua saciedade, minha saciedade; de suas incertezas, minhas incertezas; de suas descobertas, minhas descobertas; de sua consciência espiritual, minha própria consciência.

Atalho 248

Quinta Iniciação: *Uma nova linguagem (parcial).*

Que minha linguagem seja sempre amorosa, confortadora, solícita, apaziguadora e pacífica. Que minha verdade seja expressa pela língua pura dos anjos. Que minha fala seja moderada, que eu nunca me exceda, que eu saiba dosar as palavras com sabedoria. Que eu me abstenha de emitir julgamentos, mas esteja pronto a instruir com firmeza quando orientado pela Mais Alta Luz. Que cada uma de minhas palavras emita um código de luz para benefício do Planeta, da humanidade e dos reinos animal, vegetal e mineral, em todas as dimensões de realidade. Que eu seja guiado na criação de sons e símbolos sonoros que contribuam para a difusão da energia em ondas sagradas que permeiem todos os recantos, restaurando a paz.

Atalho 249

Sexta Iniciação: **Uma nova visão (parcial).**

Que eu possa enxergar a totalidade de cada ser, a divindade do eu interior, as maravilhas do Universo iluminado. Que eu veja a Luz e saiba que não existem trevas. Que eu veja os espíritos da Terra, das Águas, do Ar e do Fogo e enxergue neles o reflexo do meu amor. Que eu perceba os guardiões das quatro direções sagradas e veja neles o reflexo da proteção divina. Que minha visão se abra para as belezas visíveis e invisíveis do Universo. E que minha visão espiritual seja meu guia, meu mestre e minha orientação em todos os momentos de minha existência e de meu caminho eterno. Que me seja concedida uma nova visão: amorosa, compreensiva, infinita. Que meus olhos se abram para uma nova Luz.

Atalho 250

Sétima Iniciação: **Amor Incondicional (parcial).**

Que eu inicie agora meu caminho na totalidade da Luz, que é o caminho da totalidade do Amor. Que fiquem para trás todas as incertezas, todas as oscilações, todos os julgamentos, todas as dores pessoais, todos os desejos. Que eu perceba que sou um com todos os seres do Universo. Que eu me transforme na árvore frondosa que traz refrigério e paz; que eu seja a fonte caudalosa que purifica e faz fluir; o fogo, que aquece e dá vida; o ar, que transporta e semeia. Que eu seja os quatro Pontos Cardeais fundindo-se em um círculo de paz, compreensão, fraternidade e abundância. Que a única emoção que me anime seja a emoção do Amor, e que esse Amor seja, hoje e para sempre, incondicional, o amor de Tudo Que É, o amor da Mais Alta e Pura Luz.

Atalho 251

Mãe Terra

Mãe Terra, que nos abrigas, generosa,
santificado seja o teu solo,
venham a nós todos os teus reinos,
seja cumprido o propósito divino
em teus vales e montanhas,
em teu ar e em tuas águas.
O pão nosso de cada dia nos dá hoje,
perdoa nossas devastações
e ajuda-nos a trabalhar por tua cura.
Não nos deixes cair na tentação da indiferença,
mas inspira-nos a preservar-te.
Porque teus são o ar puro e as águas límpidas,
as matas intocadas, a Paz sobre teu chão.

PAZ, PACE, PEACE, SHALOM, SALAM, SHANTI, PAIX, PAZ...

O CAMINHO INTERIOR PELAS 20 TRIBOS SOLARES DO CALENDÁRIO MAIA

Atalho 252

Imx, Ik, Akbal, Kan (Dragão, Vento, Noite, Semente).

No Absoluto, em completa quietude, começo a receber a energia do Nascimento, a energia vermelha de IMIX, fonte de vida que dá origem ao meu ser. Vejo a formação do meu ser físico, todas as células que formam meus ossos, minha carne, minha pele, meus órgãos, meu sangue. Abro-me para que esse ser seja sustentado pela vida. Essa energia vermelha se transforma na energia branca de IK, e eu recebo o sopro do espírito, que anima todas as partes do meu ser, que me desperta, que me dá consciência para comunicar minhas verdades. Entro na energia azul de AKBAL, sentindo a abundância do meu ser. Volto-me para dentro de mim e me contemplo a partir de meu próprio templo interior. Sonho o mistério que existe em mim, e nessa quietude desperto a intuição. Então começo a florescer na energia amarela de KAN, começo a abrir-me e a deitar sementes. Começo a desdobrar-me, a crescer, a reproduzir, a perceber meu potencial, a formular meus desejos, a focalizar minhas intenções.

Atalho 253

Chicchan, Cimi, Manik, Lamat (Serpente, Enlaçador de Mundos, Mão, Estrela).

E recebo então a força vermelha de CHICCHAN, com a energia vital universal fluindo pela totalidade de meu ser físico, fazendo pulsar meus sentidos, minha sexualidade, meu instinto, minha vitalidade, minha paixão, e assegurando a continuidade de minha existência. Entro então na energia branca de CIMI, energia da transformação e da rendição, das mortes necessárias a minha renovação e a minha evolução. Liberto-me do meu ego, esqueço-me de mim, deixo ir... Rendo-me à Graça do plano maior, como uma ponte entre mundos. E recebo a energia azul de MANIK, a energia da realização. Minhas mãos se purificam pela morte do ego e eu entro pelo portal da cura. Começo a curar a mim mesmo e aos outros, que são parte de mim, e realizo aquilo que me permitirá mover-me para um nível mais elevado de ser. E entro no cálculo perfeito da energia amarela de LAMAT, praticando a arte e a elegância de ser eu mesmo, projetando todos os aspectos do meu ser com harmonia e beleza no plano cósmico, abrindo-me para toda humanidade e para o planeta Terra.

Atalho 254

Muluk, Oc, Chuen, Eb (Lua, Cachorro, Macaco, Humano).

E então me purifico pelo fluxo da água universal, na energia vermelha de MULUC, num impulso criativo que limpa meu corpo e minha mente, que me desperta, que me prepara para receber e compreender a energia do Amor. Na energia branca de OC recebo e começo a compreender o Amor e a lealdade e compartilho nobremente esse Amor com todos os seres, sendo leal a minha própria essência, que me supre de força espiritual. Santificado por esse Amor, entro na energia azul de CHUEN, na magia, na brincadeira, no bom humor, na leveza do não julgamento. Aceito a mim mesmo e aos outros com alegria e simplicidade, como parte do Todo Universal. Estou, então, pronto para me tornar o ser humano integral, na energia amarela de EB, recebendo a sabedoria superior e com plena liberdade de pensamento, de vontade e de ação. Amo a mim mesmo e honro todos os meus companheiros do Caminho, oferecendo-lhes sabedoria na consciência global.

Atalho 255

Ben, Ix, Men, Cib (Pilares de Luz, Mago, Águia, Guerreiro).

Com a sabedoria de EB, posso explorar o espaço dentro da energia vermelha de BEN – o espaço interior e o espaço exterior, percorrendo vigilantemente todos os caminhos, vinculando os pilares de Luz da Terra e do Céu pelo dom da profecia, participando ativamente da criação do novo futuro. Com o dom da profecia, adquiro o poder da atemporalidade, na energia branca de IX, aprendendo a viver a magia do agora. Estou sempre aqui, agora, experienciando magicamente aquilo que é essencial. E então recebo o dom da visão, na energia azul de MEN, adquirindo a perspectiva mental do todo e percebendo minha conexão com a mente planetária. Com essa visão, recebo o poder da inteligência e da intrepidez, na energia de CIB, para invadir todos os caminhos cósmicos, guiado por minha voz interior, e lutar todas as batalhas que me levem a vencer meu medo.

Atalho 256

Caban, Etznab, Cauac, Ahau (Terra, Espelho, Tormenta, Sol).

Com essa inteligência e essa intrepidez, começo a navegar na energia vermelha de CABAN, em constante movimento, rumo à sincronicidade do infinito – o infinito do meu próprio ser e o infinito maior Absoluto, abrindo portas para a evolução enquanto me aprofundo no amor pela Mãe Terra. E na energia branca de ETZNAB posso refletir infinitamente a luz do guerreiro espiritual, refletindo toda a beleza, todo o conhecimento, toda a sabedoria, toda profecia, toda visão, todo amor, liberando tudo que não me reflita autenticamente e tornando-me, na energia azul de KAUAC, um ser autogerador, liberador de energia, um ser que tem início e fim em si mesmo, catalisa a transformação, e pode, finalmente, ascender à iluminação, como ser integral e livre, na energia amarela de AHAU, atingindo a plenitude do amor incondicional.

ORAÇÃO ÀS DIREÇÕES SAGRADAS (parcial)

Atalho 257

Leste.

Energia que vem do Leste, energia vermelha de onde nasce o Sol, reinício de todos os caminhos, geração de luz, fonte de vida, calor que regenera o coração do homem, semente cósmica no portal da vida, força da Terra: energiza todos os caminhos para que se fundam num só!

Norte.

Energia que vem do Norte, branca como a Lua, energia da purificação da Luz, do alvor da paz; energia branca que norteia todos os caminhos, purificando a alma e purificando a vida: energiza todos os caminhos para que se fundam num só!

Oeste.

Energia que vem do Oeste, energia do crepúsculo, da noite repousante, da transformação, do mistério; energia do descanso merecido ao término da viagem: desperta a consciência de todas as raças, para que se fundam numa só.

Sul.

Energia amarela, energia que vem do Sul, expansão de luz, cura e crescimento; energia da unificação dos povos: transforma o ódio e a violência em amor. Promove a boa vontade, apaga as dores e as inimizades do passado. Energiza todos os caminhos para que se fundam num só.

Alto.

Energia do Alto, energia do arco-íris, força da vida universal; centro galáctico, amor que vem das estrelas, sonhos, lembranças, despertar interdimensional; renovação da luz, alinhamento da força planetária, entrada no tempo sem tempo, transformação da transformação: toma-me em teus braços e faz de mim instrumento do teu amor. Graças te dou pela Mãe Terra e por tudo que dela recebo. Graças te dou pela evolução do espírito, pelo despertar da consciência, pelo desabrochar do coração. Graças te dou por todos os reencontros que mitigam a saudade, por meu decreto pessoal de vida. Embaixo como em cima, que tudo se manifeste em divina ordem, para o Mais Alto Bem, rumo à Mais Pura Luz.

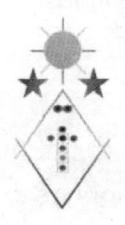

Atalho 258

"Quem vê a mim..."

Cada um de nós é uma emanação da Divindade, uma emanação de Deus. Somos todos Filhos e, como filhos, herdeiros legítimos do Pai, herdeiros legais do Reino. Tendo consciência disso, sempre que me lembro das palavras do Cristo: "Quem vê a mim, vê Aquele que me enviou", não consigo deixar de dizer em meu coração: "Quem vê a mim, vê Aquele que me *emanou*..."

Atalho 259

A finalidade de nossa existência.

A finalidade de nossa existência (ou de nossas existências) é nos tornarmos mestres. Chegou a hora de nos reportarmos a nós mesmos, de sermos nosso próprio oráculo, de caminharmos com nossos próprios pés. Tudo está dentro de nós. Precisamos apenas aprender a acessar essas informações interiores, contidas em nosso DNA espiritual, em nossos ossos, em nossa memória celular. Entretanto, nós nos agarramos àqueles que consideramos acima de nós, mantendo-nos dependentes deles, acreditando que não estamos preparados para caminhar sozinhos. No entanto, nós ESTAMOS preparados. Só não temos consciência disso ou temos medo de enfrentar a Luz sozinhos. Mas nós somos PIONEIROS, e como tal, devemos ter a coragem de saltar para o desconhecido, de nos atirarmos com confiança, sabendo que seremos acolhidos pelos braços do Altíssimo ao carregarmos a nossa própria luz.

Atalho 260

Sou criança do Infinito,
pulsando em mil energias, vivendo em mil dimensões,
carregando no meu ventre mil óvulos fecundados,
mil fetos iluminados, à espera de expansão.

No coração, mil acordes da sinfonia do cosmo;
na garganta, mil canções espalham-se em mil versões
do hino eterno do amor.

Na boca, mil alegrias, mil sorrisos de prazer,
mil palavras de acolhida aos mil caminhos da vida
que eu escolhi percorrer.

Nos olhos, mil maravilhas representam mil verdades
que despertam mil saudades do sempre, que não tem fim.

E das sete direções sagradas, mil informações seladas em
mil caminhos de luz, revelam-se, libertando o mais
profundo de mim.

E no centro do Universo, minha alma incandescente
se divide em mil pedaços, se divide em mil abraços,
abençoo mil planetas, corro atrás de mil cometas,
me converto em mil galáxias, me dissolvo no Infinito...

Aonde este livro for,
que Deus vá na frente
preparando o Caminho.
E fique na retaguarda
espalhando bênçãos.

Gláucia...

Uma onda em seu vai e vem incessante.

Vou falar da parte que toca o coração e aponta caminhos. Sentimos conforto, aconchego e ao mesmo tempo desprendimento.

Nos anos de convívio intenso, na condição de aluno, colaborador e amigo, nunca me foi dito que caminho seguir. Sempre fomos instigados a procurar e caminhar pelas nossas pernas. Nunca uma palavra nos foi colocada na boca.

Tive uma surpresa que preciso contar. No dia seguinte ao curso de Reiki Nível I, tocou o telefone. Era a Gláucia querendo muito conversar comigo. Eu tinha um compromisso que desmarquei de imediato. Surpreso, recebi um amável, assustador e lindo convite para trabalhar ao seu lado nos cursos e atividades. Minha vida mudou.

Pelo caminho da simplicidade aprendemos que tudo deve ser claro, objetivo, fácil e sem mistérios. O "caminho do coração" era o único caminho que Gláucia podia nos apontar, o seu olhar amoroso é uma das imagens mais fortes que guardo.

Sua liberdade espiritual é fruto de uma personalidade forte, inquieta, séria, amorosa, delicada e exigente. Na nossa vida sempre há alguém que nos abre caminhos, consciente ou não. Simplesmente acontece. Aconteceu com a Gláucia e com seu mestre do Quarto Caminho, aconteceu comigo e com a Gláucia nos cursos de Reiki e nos trabalhos para a Terra. Isso só é possível quando o espírito está aberto e receptivo, quando está livre como um bebê que vem curioso ao mundo. Gláucia é um bebê de espírito antigo, aprende como se fosse novo e passa adiante, em sua simplicidade, como se fosse do dia a dia. Admiro sua liberdade de pensamento, sua responsabilidade e seriedade. Nunca finge saber nem diz o que não sabe.

Cada um de nós tem um dom especial, uma maneira de passar algo bom para os outros. A Gláucia transita pelo universo e nos traz informações preciosas sem se colocar como intermediadora. Traduzindo o que já existe dentro de nós, cada um escolhe a semente que germina em seu solo. Quando a terra é boa, a semente vinga e faz nascer a árvore que dá a vida.

A montanha, uma cachoeira, a Lua cheia, o Sol nascendo, abraços em círculo, um som de tambor batendo como batem os corações.

Tudo está em divina ordem. Que a Mais Alta Luz abençoe este trabalho de amor.

Leonardo Crescenti
Março/2012

Índice por Atalhos

Bloco 1 (HUN)

1. Começo, 17
2. O verdadeiro mestre, 18
3. Esteja disposto a aprender e a desaprender, 18
4. Internalize aquilo que aprende, 19
5. Você é um Ponto de Luz, 20
6. O segredo do Universo..., 20
7. Quando desejamos saber..., 21
8. Nunca ceda seu poder a ninguém, 22
9. Deseje acelerar sua evolução espiritual, 22
10. Solte as pedras que carrega, 23
11. Não seja um "turista espiritual", 23
12. A liberdade está no começo, não no fim, 24
13. Nunca imponha sua visão da verdade, 24
14. Estamos sempre repetindo o pensamento alheio, 25
15. Você não precisa estar sempre certo, 26
16. Deixe-se levar pela intuição, 26
17. Nunca diga: "Se eu fosse você...", 27
18. Há os que fazem, os que não fazem e os que desfazem, 27
19. Pianista bem sucedido, 28
20. M.E.U., 29

Bloco 2 (CA)

21. Não sei para onde estou indo, 31
22. Observe-se como se não se conhecesse, 31
23. Tome consciência daquilo que não pode fazer, 32
24. Eu gosto *versus* Eu detesto, 33
25. Sou sincero. Sou autêntico, 34
26. Aprenda a ouvir, 34
27. A vida é dura para quem é mole, 35
28. Você sofre de ofendite aguda?, 36
29. Aprenda a rir de si mesmo, 36
30. Nenhum elogio me faz melhor..., 37
31. Quem apela para a embalagem, carece de conteúdo, 37

32. Ter como se não tivesse: "o poder do não-poder", 38
33. Decida o que vai fazer com sua vida, 39
34. Você não precisa ser um Atlas, 40
35. Deixe para amanhã o que não precisa fazer hoje, 40
36. Torne a sua vida mais fácil, 41
37. Cadeias de flores, 42
38. Que sua palavra valha tanto quanto um documento, 43
39. Que a palavra se transforme em ato, 44
40. Ninguém é melhor do que você..., 45

Bloco 3 (OX)

41. Quem é, não diz. Quem diz, não é, 47
42. É preciso ouvir o Espírito, não o intelecto, 48
43. Esvaziar para encher, 48
44. Só ensine aquilo que estiver apto a viver, 49
45. Crenças são como cascas de cebola, 50
46. Não basta achar que deve, 51
47. Se pretende fazer alguma coisa, não anuncie: Faça!, 52
48. Atraia para si só o que lhe convém, 53
49. Não peça: Afirme!, 54
50. Não existem métodos nem técnicas espirituais, 55
51. A culpa é para os fracos, 56
52. Seja advogado de defesa, 57
53. O que pode ser tirado de nós, não nos pertence, 58
54. Quem critica se confessa, 58
55. Não use óculos fantasiosos para olhar as pessoas..., 59
56. Evite as competições de sofrimento, 60
57. O bálsamo divino, 62
58. Não faça alarde, 62
59. A primeira Lei dos Anjos, 63
60. E daí?, 64

Bloco 4 (CAN)

61. A vida é a tela..., 67
62. Disponibilidade, 68
63. Existe um lugar dentro de nós, 69
64. As trevas são a ausência da luz, 70

65. Tudo o que fazemos afeta todo o Universo, 71
66. São os pés que fazem nossa ligação com a Terra, 72
67. É possível estudar o Sol..., 72
68. Não se apegue à "letra" das palavras, 73
69. O vocabulário do amor é sempre simples, 74
70. O espiritual não tem nome..., 75
71. Pecado é..., 76
72. O maior aliado da obediência é o medo, 77
73. A persuasão é ligada ao intelecto, 79
74. Não mexa com quem está satisfeito, 80
75. Aprenda a medir suas palavras. Literalmente, 81
76. Na medida em que me conheço..., 82
77. A depressão surge quando não atendemos ao Espírito, 83
78. Nada nos pertence, 84
79. Pré-ocupação, 84
80. Uma coisa maravilhosa, 85

Bloco 5 (HO)

81. O rabo do cachorro, 87
82. A indiferença é o maior perigo, 88
83. É da natureza do homem realizar seus sonhos, 89
84. Pedir ou perguntar durante três dias, 90
85. Existe o tempo de dar e existe o tempo de receber, 90
86. O que você faz gruda em você, 91
87. Nunca diga: "Não sou digno", 92
88. Perdão, tolerância, 93
89. A duração do sentimento de culpa, 94
90. O Amor é a cola do Universo, 95
91. A tocha espiritual, 96
92. Inocência, 96
93. O amor desce em cascata, 97
94. O maior precisa compreender o menor, 98
95. Irritação, 99
96. Não discuta sobre quem está certo ou errado, 100
97. Paz não é submissão, 101
98. Escutar com o ouvido espiritual, 102
99. Inspiração, 103
100. A linguagem é o simbolismo..., 104

Bloco 6 (UAC)

101. Só os verdadeiros mestres..., 107
102. Incentivar a busca da verdade, mas..., 108
103. Tudo o que cerceia sua liberdade tira sua força, 108
104. Não existe evolução coletiva, 109
105. As percepções são fugidias, 110
106. Sigilo quanto às coisas espirituais, 111
107. Trabalhar nos opostos, 113
108. Taça ou cálice, 114
109. Quem realmente nos conhece, 115
110. Timidez, 116
111. Quando não há nada dentro, o que está fora murcha, 117
112. O que você é fala tão alto..., 118
113. Verborragia, 119
114. Entregue-se!, 120
115. Não deixe a compaixão transformar-se em pena..., 120
116. Não adianta querer mais..., 121
117. Aonde quer que você vá, carregue sua energia, 122
118. Todo trabalho requer um mínimo de esforço..., 123
119. Trabalhar é orar com as mãos, 124
120. Há pessoas que fazem do Sol..., 125

Bloco 7 (UC)

121. Qual é sua missão na vida?, 127
122. Mudança *versus* Transformação, 127
123. Quem são seus mestres?, 128
124. Qual é sua bem-aventurança?, 129
125. Concentre-se no presente, 130
126. O presente é o momento de poder, 130
127. Preste atenção às coisas melhores, 131
128. Boa vontade, 132
129. Não se afobe, não fique ansioso, 133
130. Não queira levar vantagem em tudo, 134
131. Carma, 135
132. Muita informação, pouco conhecimento..., 136
133. Democracia espiritual, 136
134. Autoridade, 138

135. Não seja inflexível, 138
136. Críticas, 139
137. Visões, 140
138. Alienação, 141
139. Crítica construtiva?, 142
140. Perdão versus Absolvição, 143

Bloco 8 (UAXAC)

141. A verdade não tem vínculos, 145
142. A bênção xamânica, 146
143. Amar + Gostar, 146
144. O que é realmente seu, 147
145. O maná que caiu ontem..., 148
146. Individualidade versus Personalidade, 149
147. Busca intelectual versus Busca espiritual, 150
148. Desconstruir para reconstruir, 150
149. Ego-ismo versus Altru-ismo, 151
150. Hierarquias, 152
151. As crises de cada dia, 152
152. O ego em termos do dia a dia, 153
153. Nascemos nus, 154
154. Não podeis servir a dois senhores..., 155
155. Fiat Lux, 155
156. O talento da perseverança, 155
157. Não cisque: Voe!, 156
158. Os construtores que destroem, 157
159. O Marco Zero de nosso ser, 158
160. Deus é pessoal, 159

Bloco 9 (BOLON)

161. DEUS, 161
162. Nosso centro de atração, 161
163. Bênçãos e castigos, 162
164. Julgamento versus Discernimento, 163
165. Você vê de um jeito, eu vejo de outro, 164
166. Pacíficos e pacificadores, 164
167. Tenha sensibilidade, 165

168. Não passe a vida carregando pedras, 166
169. Implicância, 166
170. Descubra "com quantos paus se faz uma canoa", 167
171. Nunca faça promessas vazias, 168
172. Julgamento ou Constatação?, 168
173. O medo é o oposto do amor, 169
174. Professor ou Mestre?, 170
175. Nossa conta bancária espiritual, 171
176. O que impede a nossa evolução, 172
177. A liberdade que nos faz livres..., 172
178. Linguagem não é conhecimento, 174
179. Amor nascido nas estrelas, 175
180. Tudo Que É, 175

Bloco 10 (LAHUN)

181. Caminhante do Céu, 177
182. Pipoca, 177
183. Não procure entender pela definição, 178
184. Emotividade *versus* Espiritualidade, 178
185. Integridade, 179
186. Portais, 179
187. Tomemos as rédeas de nossa vida, 180
188. Ninguém se esforça por aquilo que pensa possuir, 181
189. Apague a fogueira, 181
190. O ensinamento deve ser nosso servo..., 182
191. Sofisticação espiritual, 182
192. Aprenda a usar o botão de desligar, 183
193. Impecabilidade, 184
194. Se não podemos salvar..., 184
195. O fluxo das marés, 185
196. Não diga: "Sou diferente", 185
197. Não chame as coisas de boas ou más, 186
198. Mudança de paradigmas, 187
199. Consciência da presença de Deus, 188
200. Pai, Filho e Espírito Santo, 189

Bloco 11 (HUN LAHUN)

- 201. O conhecimento que leva à sabedoria, 191
- 202. Encontrando o Trabalho, 192
- 203. Lembre-se de você, 193
- 204. Fotografe-se!, 193
- 205. Não Identificação: o maior desafio, 195
- 206. Consideração, 196
- 207. Emoções negativas, 198
- 208. Fantasia, Imaginação ou Devaneio, 200
- 209. Mentiras, 201
- 210. O falar externo e o falar interno, 202
- 211. Você anda "gravando" muitos discos?, 203
- 212. Justificativas, 204
- 213. Movimentos desnecessários, 205
- 214. Amortecedores, 206
- 215. A natureza do todo é a natureza das partes, 207
- 216. Submissão ou Independência?, 208
- 217. Nunca diga: "Já sei", 208
- 218. Anjos de asas invisíveis, 209
- 219. A "sustentável" leveza do ser, 210
- 220. Transforme-se em Fonte e nunca terá sede, 211

Bloco 12 (CA LAHUN)

- 221. Pai Nosso, 213
- 222. Orar nas quatro direções afeta todo o Universo, 214
- 223. Evolução, 214
- 224. Uma sugestão surpreendente, 215
- 225. Primeiro Mandamento, 215
- 226. Segundo Mandamento, 216
- 227. Terceiro Mandamento, 217
- 228. Quarto Mandamento, 217
- 229. Quinto Mandamento, 218
- 230. Sexto Mandamento, 219
- 231. Sétimo Mandamento, 220
- 232. Oitavo Mandamento, 220
- 233. Nono Mandamento, 221
- 234. Décimo Mandamento, 222

235. Destinação – focalizar o Caminho pessoal, 222
236. Não tema mudar seus pontos de vista, 224
237. Você vê de um jeito, eu vejo de outro, 224
238. O milagre da perseverança *versus* obstinação, 225
239. Não basta acreditar, 226
240. Não existem eleitos, 227

Bloco 13 (OX LAHUN)

241. Invocação do Ponto de Luz, 229
242. Eu tive um sonho..., 230
243. Iniciação, 230
244. Primeira Iniciação, 231
245. Segunda Iniciação, 232
246. Terceira Iniciação, 232
247. Quarta Iniciação, 233
248. Quinta Iniciação, 233
249. Sexta Iniciação, 234
250. Sétima Iniciação, 234
251. Mãe Terra, 235
252. *Imix, Ik, Akbal, Kan* (Dragão, Vento, Noite, Semente), 235
253. *Chicchan, Cimi, Manik, Lamat* (Serpente, Ponte entre Mundos, Mão, Estrela), 236
254. *Muluk, Oc, Chuen, Eb* (Lua, Cachorro, Macaco, Humano), 237
255. *Ben, Ix, Men, Cib* (Pilares de Luz, Mago, Águia, Guerreiro), 238
256. *Caban, Etznab, Cauac, Ahau* (Terra, Espelho, Tormenta, Sol), 238
257. Oração às Direções Sagradas, 239
258. Quem vê a mim..., 241
259. A finalidade de nossa existência, 241
260. Sou Criança do Infinito, 242

Sobre a Autora

Gláucia Ceciliato é estudiosa da obra de Gurdjieff, Joel Goldsmith, dos pleiadianos, do Material de Seth e do Calendário Maia.

Fez cursos e mestrado de Reiki nos Estados Unidos com Karyn Mitchell (PhD). Ministrou cursos de Reiki em São Paulo e outros estados do Brasil, com mais de 2.000 alunos.

Organizou e dirigiu grupos de estudo em São Paulo durante muitos anos, com um toque xamânico e uso de instrumentos indígenas e de gongos tibetanos. Realizou vários encontros para a celebração de equinócios, solstícios, início do ano novo maia. Foi a primeira organizadora da cerimônia da Onda Solar no Brasil, sob a orientação de Aluna Joy Yaxk'in, chamada pelos maias de "a xamã americana", com quem fez um curso sobre o Calendário Maia, no Monte Shasta, o monte dos Mestres Ascensionados.

Suas viagens pelo mundo (Grécia, Japão, Israel, Egito, Espanha, Itália, Holanda, Inglaterra, Estados Unidos, França) sempre revelaram novos e mais profundos conhecimentos na área espiritual.

Leia da Editora Ground

MENSAGEIROS DO AMANHECER
Ensinamentos das plêiades
Barbara Marciniak

Este livro revela a sabedoria dos pleiadianos, um grupo de seres iluminados que se dispuseram a ajudar a alcançar um novo estágio evolutivo na terra. Os ensinamentos são leitura essencial para todos os que questionam a sua existência no planeta e a direção do nosso consciente – e inconsciente – coletivo.

TERRA
Chaves pleidianas para a Biblioteca Viva
Barbara Marciniak

Terra exorta a reconhecer as energias da Deusa e o poder do sangue como ligações poderosas com o nosso DNA e a nossa herança no planeta Terra. Conduz à exploração dos corredores do tempo com o intuito de acordar os códigos cruciais para uma perspectiva multidimensional e para recriar a Biblioteca Viva da Terra.

OS FAZEDORES DE MILAGRES
o universo da realização pessoal
Adriana Mariz P.

O livro conduz a uma jornada interior, demonstrando como os milagres surgem em nossas vidas, e ainda revela uma verdade pouco compreendida: existe uma brecha no Universo por onde o destino e também as nossas escolhas diáras podem se encontrar, misturar e por fim se realizar, sem esforço, sofrimento ou perdas.

MANUAL DE REIKI
um guia completo para a prática do Reiki
Walter Lübeck

Reiki é uma palavra japonesa para expressar energia da força universal da vida. O livro descreve de maneira compreensiva os segredos e possíveis usos dessa força de cura sutil. Preciso e detalhado é de grande utilidade para o praticante de Reiki, revelando as possibilidades e limitações da sua aplicação.

O TOQUE DA CURA
a arte do jin shin jyutsu
Alice Burmeister

Jin Shin Jyutsu é uma antiga prática japonesa que equilibra a energia do corpo usando os dedos e as mãos para eliminar o estresse, criar o equilíbrio emocional, aliviar a dor e abrandar doenças agudas ou crônicas. Este guia contém instruções detalhadas para esta arte, individualmente ou para ser aplicado a uma outra pessoa.

A TERAPIA FLORAL
escritos selecionados de Edward Bach
Edward Bach

Este não é um livro biográfico sobre o Dr. Bach, mas é como se fosse, porque através das palestras, trabalhos e livretos publicados por ele, podemos vislumbrar o homem, sua essência, sua filosofia e a maravilhosa terapia por ele criada. Contém um apêndice ilustrado colorido, que acrescenta beleza às flores que compõem o sistema do Dr. Bach.

Impresso por :

gráfica e editora

Tel.:11 2769-9056